www.mylife.it

I edizione: novembre 2018
My Life srl, Coriano di Rimini (RN)
Finito di stampare nell'ottobre 2018 presso Lineagrafica, Città di Castello (PG)

FSC
MISTO
Carta
FSC® C113203

Silvia Vaccarezza

& gli Amici di Tutto il Bello

TUTTO IL BELLO CHE C'È

... oltre il Tg

Raccolta di storie belle e vere
scritte da persone come te

MyLife

Introduzione

Un'antologia compatta che ci piace immaginare senza fine, con tante nuove edizioni aggiornate per far conoscere le migliaia di storie che accompagnano e sono il cuore di Tutto il bello che c'è, la rubrica del Tg2 ideata da Silvia e Maria Grazia e un gruppo di amici, in onda dal 2014. Storie raccontate dagli stessi protagonisti, da voi, da chi sa cogliere il lato positivo delle esperienze della propria vita. Esperienze a volte durissime che comunque possono essere lette come opportunità di crescita, di cambiamento, di trasformazione perché ci portano fuori dalla comfort zone, da quella zona di sicurezza che tutti noi tendiamo a costruirci attorno e che, a lungo andare, rischia di limitarci nella nostra evoluzione.

Tutto il bello che c'è oltre il Tg vuol essere un regalo soprattutto a quanti dubitano a volte delle proprie forze, a quanti sono incerti delle proprie capacità.

Leggere queste storie può dare la carica per scoprire il divino che è in ciascuno di noi. Quando abbiamo piena consapevolezza della nostra regalità in quanto esseri spirituali incarnati in esseri umani, ecco che il mondo si trasforma: cadono le barriere che ci separano dagli "altri" e iniziamo a sentirci parte di un tutto.

Scopriamo di "Essere" oltre le apparenze e le circostanze. Diventiamo capaci di sentire in profondità le nostre emozioni e quelle degli altri. Accogliamo le vibrazioni d'amore che immediatamente ci mettono in sintonia con l'universo.

Siamo in buona compagnia nel credere all'importanza di mettere l'attenzione sulla parte bella delle cose e affrontare la vita con ottimismo: che ne dite di iniziare a provarci anche voi? Saremo felici di ricevere i vostri racconti sui piccoli miracoli che compirete cambiando la visuale da cui guardare le cose. Inviali a: redazione@tuttoilbello.com

Grazie e buon viaggio!

Se si sogna con amore tutto si realizza

Silvia Vaccarezza

"Un sogno... raccontare la bellezza del mondo,
tutte le cose belle che accadono,
la semplicità del vivere nella natura...".

"Tutto il bello che c'è, un programma televisivo
di buone notizie. Dal 2014 diventato realtà
come rubrica del Tg2."

"...è stato troppo bello, un'avventura meravigliosa:
tu me, la malattia, il programma, le ragazze.
Idee sempre più idee e poi risate,
amore e poi le idee si sono realizzate.
Scrivi, scrivi, la gente deve capire che se sogna
con amore tutto si realizza."

"Bisogna studiare Silvia, studiare, anche la cabala. Scrivi, devi scrivere. Racconta la storia, la nostra storia. Comincia da qui, sei giornalista, ti credono.

Io parlo. Comunico. Ci sono. Non si sparisce puff. È un cammino lungo, bello ma lungo. Lo devi dire. Bisogna prepararsi.

Scrivi.

Comincia così, con me che parlo con te, ti entro nella testa, il 24 dicembre, Natale e dico: scrivi, scrivi di noi.

Silvia è stato troppo bello, un'avventura meravigliosa: tu me, la malattia, il programma, le ragazze. Idee, sempre più idee e poi risate, amore e poi le idee si sono realizzate.

Scrivi, scrivi, la gente deve capire che se sogna con amore tutto si realizza.

Il vostro sorriso mi nutre, ci nutre, ci dà energia. Più allegria c'è sulla Terra più ne arriva qui anche se noi ne siamo pieni. Tanto amore, tutto chiaro, tutto leggero, tutto semplice, senza parole, solo pensieri, tutti capiscono. Sorrisi, si sorride sempre.

Silvia ricordati i bambini, le favelas, il coro mani bianche, musica, leggerezza, racconta gesti belli, non piangere stammi a sentire c'è poco tempo. Invita ospiti, i nostri eroi, ricordati i fiori, i giardini, manda amore, manda amore."

Silvia si svegliò di soprassalto, il cuore le batteva all'impazzata. Si tirò a sedere sul letto, ancora avvolta dalle parole di Maria Grazia. Parole dal suono dolce come una melodia che ti accarezza il cuore ma che al tempo stesso ti sferza in tutto il tuo essere, parole come dardi scagliati dritti al bersaglio.

"Stammi a sentire c'è poco tempo" quelle parole le martellavano le tempie, celavano la stessa concitazione che Maria Grazia aveva nelle telefonate degli ultimi mesi, persino nell'ultima, il 19 ottobre a poche ore dalla sua morte. Parlava a voce bassa, si capiva che le costava molta fatica ma era un fiume in piena:

"Allora ti ricordi? Te lo sei segnato? Devi dire a Daniele Rotondo di fare quel pezzo sul succo di pomodoro fatto senza lo sfruttamento dei neri nella raccolta e poi il coro delle mani bianche... È importante il messaggio della musica che salva, che aiuta i ragazzi emarginati delle periferie più povere e degradate del mondo. E mi raccomando Silvia, la bellezza dei gesti semplici. Mi prometti che te lo ricordi... perché a me delle volte mi sembra che tutto questo a te proprio non interessa?! Guarda che anche quest'anno prima o poi i ciliegi fioriscono... ed è uno spettacolo che parla al cuore. È questo che dobbiamo mettere in onda. Eravamo d'accordo, abbiamo fatto cento riunioni per decidere la linea da seguire. Non permettere che ci riempiano la rubrica di marchette."

Aveva un filo di voce, parlava molto lentamente ma le stoccate non le risparmiava a nessuno, tantomeno a Silvia, alla quale, ormai da anni, Maria Grazia aveva aperto il suo cuore, e con la quale condivideva quel meraviglioso progetto che le dava tanta energia.

Tutto il bello che c'è, un programma televisivo di buone notizie. Dal 2014 diventato realtà come rubrica del Tg2.

Un sogno accarezzato per anni dalle due colleghe, studiato nei minimi particolari e condiviso con un gruppo di amici in tutta la sua gestazione. L'idea era nata di getto come tutte le idee, poi per metterla a punto, era servito un anno scandito da incontri, riunioni, interminabili telefonate e poi ancora incontri e riunioni. Nulla a confronto degli altri sei anni passati a bussare a molte porte per vederlo finalmente in onda.

Tutto nacque nel 2008, anche questa volta sotto Natale. Maria Grazia, che nel 2003 era stata operata per un tumore al seno, ebbe una ricaduta. Respiro affannato, acqua nei polmoni, fu necessario un ricovero.

Al giornale girò la voce: 6 mesi di vita.

Silvia non seppe mai quale medico o giornalista avesse diffuso quel simile verdetto perché scelse subito la strada del confronto diretto con Maria Grazia.

Abbracciate sotto il portone di casa, avvolte nei loro cappotti. Le chiome bionde sparse sulla schiena mandavano riflessi dorati alla luce di un lampione ed erano l'unico indizio da cui evincere che, strette in quell'abbraccio, fossero due donne.

"Se sei veramente un'amica devi aiutarmi a morire."

"Maria Grazia posso solo aiutarti a vivere, a stare bene."

"Ho paura. Paura che dopo sarà peggio. Credevo di essere guarita ed ecco che dopo 5 anni sto di nuovo male."

"Ti sei troppo trascurata, troppo. Puoi farcela, lo sai. È necessario però che tu lo voglia, con tutte le tue forze. Dai! La vita può essere bellissima se cominci a fare le cose che sogni."

"Raccontare la bellezza del mondo, tutte le cose belle che accadono, la semplicità del vivere nella natura...".

"Questo può essere un buon inizio...".

"Silvia tu stai sognando! Ma guardati, guardiamoci: siamo di corsa tutto il giorno, a preparare telegiornali pieni di notizie orrende. Corriamo corriamo e non abbiamo più neppure il tempo di osservare quello che ci circonda...".

"È vero Grazia ma possiamo cambiare. Proviamo a inventarci un programma di belle notizie, proviamo... poi a poco a poco lasciamo il Tg e ci occupiamo solo di quello."

"E magari andiamo anche a vivere in campagna... quanto mi piacerebbe una casetta nel verde, fuori Roma, con qualche animale... anche ai tuoi figli farebbe tanto bene vivere all'aria aperta."

"Tutto si può fare Grazia, basta volerlo... francamente però non credo proprio tu sia un tipo adatto alla vita di campagna! Fossi in te su questo ci penserei un po' di più!".

"Ma che dici? Perché?".

"Non riesco a immaginarti capace di svegliarti all'alba come un grillo, tu che la mattina ami farti coccolare dal letto!".

"È mia mamma che mi vizia, ma io sarei adattissima alla vita di campagna."

"Va bene, va bene, cominciamo a scrivere tutte le nostre idee sugli argomenti del programma e poi ci metteremo anche a cercare una casetta nel verde capace di contenere la mia famiglia e la tua."

"Ho freddo" Maria Grazia entra nel portone di casa, "ci vediamo domani? Ma torni? Sicuro?".

"Certo che torno e tu stasera butta giù un po' di idee su questa bellezza che vuoi raccontare."

"Va bene, ho un milione di storie che ho raccolto negli anni e tante belle persone da intervistare. Belle come le intendiamo noi, chiaramente! Stasera scrivo! Che bello, non vedo l'ora!".

Si salutano con affetto. Le guance bagnate di lacrime.

Ognuna torna a casa con il ricordo di un bacio salato, suggello di un legame profondo che nessuna delle due aveva previsto.

Si conoscevano da una quindicina d'anni, dal '92 per l'esattezza. Maria Grazia era al Tg2, lavorava alla redazione Diogene. Silvia l'aveva conosciuta in occasione di un servizio su una proposta sanitaria dei giovani socialisti di cui lei curava l'ufficio stampa.

Maria Grazia era stata mandata a intervistare Luca Josi, l'allora segretario del movimento giovanile. Lui rimase folgorato dalla bellezza di quella giornalista e la invitò a cena dopo l'intervista e, per farla sentire più a suo agio, organizzò la serata invitando anche Silvia e un altro dirigente del movimento.

Tra Silvia e Maria Grazia ci fu subito intesa, non altrettanto accadde con Luca. Innanzitutto socialista, che per Grazia a quei tempi significava "l'effimero", il rampantismo e tutti i cliché possibili. A Silvia, invece, perdonava la sua fede politica e ogni tanto si sentirono per telefono. Ogni telefonata si trasformava presto in una lunga chiacchierata spumeggiante su qualche autore che amavano entrambe e, sorvolando sui fatti di cronaca politica che le avrebbero divise, si perdevano in quel fiume in piena che le rapiva dalle rispettive realtà.

"*La vita oltre la vita*, *La luce oltre la vita*, *Autobiografia di uno yogi*: sono gli ultimi libri che ho letto."

"Sono piaciuti anche a te? *L'autobiografia di Yogananda* è meravigliosa. Dovresti leggere *Le vie dei canti* di Chatwin. Lì veramente la mente comincia ad aprirsi."

"Come con *La danza della realtà* di Jodorowsky."

Si incontrarono di nuovo nel '97, quando Silvia, assunta nel '95 a Genova al Tg regionale RAI della Liguria, approdò al Tg2.

Maria Grazia nel frattempo era passata alla redazione cultura, si occupava soprattutto di musica e letteratura. La sua scrittura era molto apprezzata dal direttore Mimun così le affidavano tanti pezzi per il Tg.

Era un volto noto e molto amato dal grande pubblico. In redazione conosceva tutti ma la sua riservatezza la isolava un po'.

Tra Maria Grazia e Silvia c'era una grande simpatia, quando si incontravano nei corridoi si fermavano a chiacchierare e anche qui, in un attimo, erano fuori dal tempo, lontane dai loro telegiornali e dalle loro corse quotidiane. Maria Grazia sempre con qualche libro in mano, minimo 5 o 6 volumi per la verità. Li teneva come abbracciati e, noncurante del peso, raccontava a Silvia l'ultima intervista fatta.

"Deepak Chopra?! L'hai conosciuto di persona?".

"Sì l'ho intervistato per Achab, piace anche a te?".

"Tantissimo. Ho letto quasi tutti i suoi libri. Ma tu cosa ne pensi delle coincidenze? Sai, la sua teoria che è poi tratta da Jung...".

"Certo, la conosco e ci credo profondamente. Sono affascinata da tutto questo, ma certo per Achab non ho potuto approfondire più di tanto."

"Quanto sarebbe bello avere uno spazio per parlarne in Tv. Tu sei già fortunata che puoi intervistarli come autori e conoscerli. Io in cronaca, bene che mi vada, posso fare una riflessione in più con un magistrato o una battuta che tocca sfere più intime con qualche familiare devastato dal dolore per la perdita di un congiunto, tempo permettendo poi, perché in cronaca devi correre come una lepre!".

Il tempo volava e come sempre una delle due, come risvegliandosi da un sogno, guardava l'ora e schizzava via.

"Mamma mia, chiude la truka e devo ancora fare la ripresa delle copertine dei libri da recensire."

"Oddio chiude l'ufficio trasferte e domani devo andare in Alto Adige per un servizio per Sì viaggiare. Magari riusciamo a vederci una sera!?".

Promesse, aspettative con l'illusione di riuscire a trovare il tempo per conoscersi meglio e confidarsi il proprio sentire che ciascuna sapeva in sintonia con l'altra.

La speranza di vedersi fuori dal Tg cadeva spesso nel vuoto ma entrambe sapevano di poter contare l'una sull'altra; si stimavano a vicenda e ognuna conduceva la propria vita.

Tante volte Silvia aveva sostituito Maria Grazia nel Tg della mattina. Orari massacranti con sveglia alle 4. Quando nel 2003 Grazia si era ammalata aveva chiesto all'amica di coprirla in quei turni faticosi se proprio non se la sentiva.

Questa volta però era tutto diverso.

La promessa di un viaggio insieme per raccontare la bellezza che ci circonda e per farsi aiutare da quella bellezza a superare le asperità della vita, fiduciose nel suo potere taumaturgico, aveva un sapore speciale. Entrambe sapevano che la posta in gioco era troppo alta. Con la morte non si scherza e per salvarsi occorreva veramente un totale cambiamento di marcia. Quel programma di belle notizie non era un capriccio o un pretesto: significava scegliere la vita!

Troppe volte il pensiero della morte si era affacciato alla mente di Grazia. Da quando aveva perso il padre sentiva come un dolce richiamo e lo aveva confessato a Silvia in qualche momento di sconforto.

I direttori si alternavano, i capi cambiavano e non sempre tutte le persone venivano valorizzate. Grazia ne soffriva in maniera eccessiva e la sua tristezza sconfinava in una voglia di annullarsi in dolci ricordi. Questa volta però non si poteva permettere nessuno *spleen*, come nell'Ottocento si definiva in maniera poetica quella che oggi viene diagnosticata come depressione. Questa volta occorreva reagire in maniera drastica a quel verdetto inquietante. Silvia ne era pienamente consapevole, Grazia lo diventò ben presto.

All'incontro alla luce del lampione sotto casa di Grazia, seguirono giornate frenetiche: telefonate, incontri, riunioni.

Maria Grazia era rinata, lo sconforto e la disperazione di quella sera cancellate dall'euforia di questa nuova avventura.

"Silvia vengo alle cinque da te con Irene, è una delle nostre registe del Tg, ho scoperto che è dei nostri! Anche lei crede nel potere delle buone notizie!".

"Bene, splendida coincidenza! Oggi sono a Roma anche Sonia e Natalia così finalmente te le presento. Sono le ambasciatrici del pensiero positivo in Italia, le editor di molti degli autori che ami e sono super cariche di energia perché hanno appena finito il seminario con Brian Weiss ed è stato un successo. Duemila persone nell'aula magna dell'Università Pontificia ad ascoltare uno psichiatra americano che parla di reincarnazione, scopo della vita e soprattutto di amore."

"Che emozione, conoscono Brian Weiss?! Non vedo l'ora di incontrarle!".

"E ci sarà anche la mia amica Marina Bertozzi, è speciale non ci sono parole per descrivertela, è sensibile e sensitiva ed è bravissima con i social che sono un canale importantissimo da usare. E poi c'è Piergiorgio De Florentiis che è stato il mio primo capo in RAI, ha curato moltissimi bei programmi di RAI 1 ai tempi di Fuscagni ed ha proprio una bella testa. Anche lui un sostenitore delle notizie positive. È da tempo che si interessa di chi è sulle tracce della felicità."

"Ma non saremo troppi? Poi diventa più difficile dare una linea!".

"Troppi? Siamo ancora pochi, dobbiamo coinvolgere più persone possibile. Ognuno deve apportare il proprio contributo, il proprio concetto personale del bello, così ci saranno varie angolazioni nel programma, come delle sotto rubriche."

"Dici?".

"Penso alla mia amica Paola Nappi che ora è alla Tgr di Firenze, lei ci può curare l'aspetto positivo nella moda, nei trattamenti di bellezza naturali, e anche il lato bello ma nascosto ai più, dei personaggi più inaspettati. Sai, quei toscanacci burberi e solitari. Lei ne conosce a bizzeffe, è capace di stanare il loro cuore d'oro come pochi sanno fare. Antonella Armentano è alla Tgr del Lazio, lei trova sempre belle storie nel sociale, mamme coraggio, ragazze che si riscattano dalle violenze e dalla prostituzione."

"Sempre testarda tu! Va bene, va bene, l'idea del gruppo mi piace. Selezionando le persone però e, soprattutto, il ristretto gruppo degli autori deve dare la linea etica. Dei VIP mi interessa poco, del lato bello delle persone comuni invece ne abbiamo proprio bisogno; ricette naturali poi, tutta la vita. Ecco, potremmo raccontare i segreti estetici di quelle donne belle che non sono mai andate dal chirurgo plastico. Come Virna Lisi. E far vedere proprio come si preparano i loro rimedi naturali."

"Non scadiamo nell'ennesimo programma di bellezza e cucina però!".

"Ma Silvia nemmeno a pensarlo! Anche se… quanto mi piacerebbe raccontare qualche ricetta antica. Fa tanto casa, semplicità, bellezza."

"Sai che ti dico Grazia, possiamo fare un angolo con la ricetta di famiglia, quella più cara, più significativa nei vari Paesi. Nessuno chef famoso, ma la signora marocchina del palazzo accanto, la ragazza nigeriana del negozio in periferia, l'anziana egiziana moglie del fioraio."

"Mi hai convinto! Bello! Queste donne semplici che cucinano gomito a gomito con Nicoletta, la nostra segretaria di redazione, e spiegano a lei e al pubblico i passaggi per preparare un buon cous cous o un fufu...".

"Basta basta Grazia, fermiamoci e incontriamoci più tardi, alle cinque, così esponiamo le idee al gruppo e il risultato sarà ancor più completo."

Entrando in casa di Silvia l'emozione di Maria Grazia era tangibile.

"Che bello! Quanta gente!".

"Ciao, piacere De Florentiis, Piergiorgio per tutti."

"È il primo capo che ho avuto in RAI ed è un filosofo mancato. Da anni è sulle tracce delle persone che hanno scelto un percorso di vita interiore più ricco, diciamo così, ed è venuto qui con una bella lista di 'VIP dell'anima'".

"Che presentazione! Sono lusingato! Sicuramente la strada per la felicità non esiste ma molte persone non possono fare a meno di cercarla. Certo, non sono propriamente personaggi che amino stare sotto i riflettori. Scovarli richiede tempo e ancor più faticoso è convincerli ad affidare il loro messaggio alle telecamere."

"Grazie Piergiorgio della condivisione, mi presento sono Sonia Rossi e Natalia la mia socia, noi possiamo contribuire con una lista di motivatori e di scrittori di un certo livello. Loro invece sono abituati alle telecamere. In questo caso dobbiamo essere noi, tutti insieme, a fare una bella selezione e scegliere chi intervistare. Per entrare nel vivo vi dico subito che Brian Weiss è veramente molto in gamba e in linea con il programma che avete in mente. È un medico psichiatra che grazie alla regressione ipnotica ha guarito moltissime persone da fobie e malattie psicosomatiche molto invalidanti. Finché non si è imbattuto in alcuni pazienti che durante la regressione sono andati oltre la loro infanzia raccontando proprio altre vite, con una tale accuratezza nei particolari da indurlo a credere fermamente nella reincarnazione. Ora vende milioni di libri in tutto il mondo. La comunità scientifica non lo ha respinto ed è diventato uno scrittore, un ricercatore. Ha una visione molto profonda dell'essere umano e del suo scopo sulla Terra."

"Interessante Sonia. Può essere un'idea per un approfondimento futuro. Già il fatto di dare belle notizie in un Tg è una contraddizione in termini. Good news is no news è il motto dei giornalisti. Io partirei con belle notizie che siano anche e soprattutto costruttive."

"Che intendi Maria Grazia per costruttive?".

"Quelle notizie con le quali si cerca anche di dare un aiuto, una soluzione a dei problemi. Insomma, quelle in cui il giornalista, dopo aver sviscerato un tema, può suggerire anche delle strade per risolverlo. Io poi vorrei che questo fosse uno spazio di leggerezza per staccare da tutte le brutte notizie con cui ci bombardano e con le quali, noi dei Tg, bombardiamo la gente!".

"Sì, infatti, con Grazia abbiamo pensato a uno spazio per ricaricarsi raccontando le storie di chi ce l'ha fatta: che si tratti di un immigrato, un imprenditore in crisi, uno sportivo, un esploratore, un ricercatore o piuttosto qualcuno colpito da una malattia."

"Proprio così Silvia, e diciamo subito a tutti che siamo anche d'accordo sul fatto che ci piacerebbe creare un circolo virtuoso, dare alle persone la voglia di lasciarsi il brutto alle spalle e guardare la vita con occhi positivi. Guai all'idea di indorare la pillola però! Dobbiamo stare attenti a non farci strumentalizzare e a non farci riempire questo spazio dalle marchette dei capi di turno!".

"Sempre pessimista Grazia! Concentriamoci sulle belle storie di chi ce l'ha fatta pensando positivo e soprattutto diamo un aiuto a chi ci segue da casa intervistando anche autori e motivatori che insegnano come acquisire un nuovo modo di pensare e affrontare la vita con serenità e coraggio. Direi quasi con un atteggiamento di fiducia nell' universo."

"Non sono pessimista sono realista! Va bene Silvia, ci proverò anch'io a vedere tutto al positivo e immaginare che i capi ci lascino fare. Sapete, Silvia è incredibile, immagino la conosciate bene. Per lei tutto ha un risvolto positivo, tutti sono buoni, tutti hanno le loro ragioni quando fanno qualcosa...".

La battuta di Maria Grazia suscitò una risata generale e molti annuirono.

"È fatta così... però bisogna riconoscere che riesce a conservare le amicizie nei secoli, altrimenti non saremmo tutti qui! Però Grazia continua, spiega meglio il concetto di leggerezza" disse Sonia.

"Leggerezza, semplicità ragazzi! Mai cadere nella prosopopea, dobbiamo alternare le storie anche dure ma di rinascita, con pezzi musicali. Immagino ad esempio pezzi sulle bande musicali, quelle delle nostre periferie, dei nostri paesini, ma anche quelle delle favelas sudamericane. Quelle bellissime orchestre formate da niños abbandonati che grazie alla musica danno un senso alla loro vita, iniziano ad avere un tempo e delle regole proprio come sullo spartito. E qualcuno di loro grazie alla musica si salva. Dobbiamo intervistare José Antonio Abreu, il musicista venezuelano che ha creato una fondazione per la promozione sociale dell'infanzia attraverso la musica".

"Musicista e politico. Ma lo sapete che suo padre era italiano, dell'Isola d'Elba, ed era stato direttore della banda musicale del paese di Marciana? Quando emigrò si portò una cinquantina di strumenti in Sud America. Il figlio è cresciuto con il pallino della musica che aiuta a crescere e a emanciparsi da qualsiasi situazione di disagio."

"Possiamo intervistare anche la ballerina di Be positive, che ballando tiene a bada il cancro... Me l'ha segnalata la mia amica Elena Mora, poi ve la farò conoscere e con lei tutto il gruppo di amiche scrittrici con le quali abbiamo già fatto tre libri il cui ricavato va sempre a una giusta causa scelta da noi."

"Ho letto uno dei vostri libri, *Cuori di pietra*, bellissimo! E ho visto che siete una squadra ricchissima. C'è anche Anna Maria Testa che ha appena creato un blog no profit per diffondere il più possibile il pensiero creativo."

"Alla base della creatività c'è spesso una rottura con lo status quo."

"Proprio così, lo dice anche il Dalai Lama: 'Impara bene le regole, così potrai romperle in modo efficace'."

"Be', se iniziate con le citazioni allora: 'Sii tu il cambiamento che vuoi vedere nel mondo'; questa è di Gandhi e potrebbe essere la pietra miliare del nostro futuro programma, che ne dite?".

"Bellissimo Grazia."

"Silvia, secondo me più il gruppo dei segnalatori di belle notizie si allarga più il programma sarà fortissimo!".

"Condivido Sonia, e lo dicevo a Grazia stamani. Amiche tenaci e belle dentro non mancano. E anche amici. Possono aiutarci. Dobbiamo invitare nel programma chi riesce a cogliere le opportunità di fronte a una crisi o davanti a un ostacolo, come diceva Einstein. Chi riesce a guardare con occhi diversi, a cambiare prospettiva come invitava a fare Robin Williams ne 'L'attimo fuggente'."

"Che meraviglia quel film! Lui era un prof straordinario che faceva salire i ragazzi sui banchi per vedere tutto in un altro modo."

"Sì, proprio così, grande Williams... Bello, bellissimo! Potremmo mettere nel programma proprio degli spezzoni di film con le scene più significative. Bellissima, ad esempio, in 'Ogni maledetta domenica', l'arringa pre partita che fa l'allenatore ai giocatori della sua squadra di football: motivazione, cuore oltre l'ostacolo, fisico oltre l'ostacolo per un obiettivo. E, questo è ancora più importante, un obiettivo da raggiungere tutti insieme, comunicando il vero senso di squadra!".

"Meraviglia pura quel film di Oliver Stone. Le ho ancora nella mente le parole di Al Pacino nei panni del coach: 'Dovete guardare il compagno che avete accanto, guardarlo negli occhi, io scommetto che ci vedrete un uomo determinato a guadagnare terreno con voi, che ci vedrete un uomo che si sacrificherà volentieri per questa squadra, consapevole del fatto che quando sarà il momento voi farete lo stesso per lui. Questo è essere una squadra, signori miei!'."

"Incredibile Roberta, che memoria!".

Roberta Bianchi, la regista che Silvia conosceva sin dal suo primo anno in RAI, era poi stata vent'anni ad Atene in una televisione greca, ed era una vera esperta di cinema.

"Sferzante! Un vero trascinatore! Io posso proporvi degli autori che commentano le scene dei film che abbiamo selezionato e spiegano quali parole si usano per motivare una persona, per consolarla, per scuoterla... come si crea il senso di squadra appunto. Autori che solitamente vengono pagati oro dalle grandi imprese per motivare lo staff dirigenziale, sarebbe bello proporli gratuitamente in Tv. Che ne pensi Marina? Anche sui social potremmo mettere delle piccole clip?!".

"Certamente sarebbe un bel cambiamento! Penso ai tanti anziani e ai giovani che vedono lo stesso delitto spiegato e rispiegato nei minimi particolari in cento programmi televisivi diversi e a come tutto questo abbassi la loro energia... e invece, delle brevi clip tratte da film fantastici come quelli di cui parlate, potrebbero diventare per loro gocce di entusiasmo concentrato!".

"Giusto Marina, e potremmo accompagnare la clip con semplici nozioni sulle varie tecniche per rafforzare il proprio entusiasmo e ottimismo e in questo modo potremmo effettivamente dare informazioni utili e curative!".

"Che meraviglia Sonia, che idea splendida! E a proposito di energia rigenerante, Silvia ha un'amica speciale, una farmacista di montagna che è una ricercatrice alchemica... lei può dare un valido contributo al programma con ricette di rimedi naturali e consigli per raggiungere e mantenere un livello alto di energia."

"Certo Grazia è vero, l'abbiamo conosciuta anche noi, Monica Tomasi. Una farmacista unica. Pensate, sulla sua farmacia davanti alle Dolomiti, ha messo un grande specchio dove Lorenzo Ostuni ha inciso queste parole 'L'amore è la forza di guarigione più potente al mondo'."

"Grande Monica! Lorenzo Ostuni era un mio collega in RAI. Un regista. Un uomo di grande spessore, in azienda non era molto conosciuto ma so che aveva un'intensa vita all'esterno. Mi sembra che tutt'ora tenga dei corsi di teatro psichico... anche lui certamente una figura da approfondire."

"Giusto Pier Giorgio. Basta entrare nella sua caverna di Platone in Prati e farsi stregare dalla magia di tutti quegli specchi incisi da lui. Hanno incantato anche il sindaco di New York che ha intenzione di commissionarne uno gigante per una installazione che prevede un tubo di luce nello spazio lasciato dalle Torri Gemelle."

"Vedete, signori miei, le idee sono infinite... basta sintonizzarci su questa lunghezza d'onda. Cambiare la visuale, appunto, e diventare tutti noi dei 'cacciatori di good news'."

"D'altronde se il mondo non fosse pieno di belle notizie ci sarebbe la guerra ovunque tutti i giorni. Invece ci sono tantissime persone che tutti i giorni fanno con serietà e dedizione il proprio lavoro e qualcuno persino con il sorriso, con lo scopo di migliorare anche la vita del prossimo."

"Ecco, Silvia, dobbiamo raccontare il sorriso che è nascosto in ciascuno di noi. Anzi mettiamolo proprio come titolo."

"Ma Grazia a me piaceva Tutto il bello che c'è."

"E chi lo tocca! 'Tutto il bello che c'è, quando il sorriso fa notizia'!".

"Vai, bellissimo!" dissero tutti in coro.

"Mi piacerebbe raccontare gesti di gentilezza."

"Grazia che idea! Facciamo una candid camera della gentilezza."

"Che intendi Silvia?".

"Ci facciamo mandare dalle persone i gesti di attenzione, di gentilezza, di solidarietà che avvengono sotto i loro occhi, tutti i giorni, nella quotidianità, e che riescono a filmare con il telefonino."

"A me ne succedono di continuo: il signore che ti insegue per restituirti i soldi che hai lasciato nel bancomat, il ragazzo che ti rincorre per ridarti il cellulare che hai dimenticato sul bus, la signora che blocca il traffico per spiegare la strada agli stranieri in gita...".

"E chi ti lascia il posto in fila perché ti vede stanca, chi si offre di aiutarti vedendoti carica di borse della spesa...".

"Bella idea! E se poi ci mandano filmati falsi?! Magari un mafioso che per farsi bello si finge un eroe altruista?".

"Be' vorrebbe comunque dire che preferisce apparire come una persona altruista, e non come mafioso che incute timore! Alla fine siamo anche la maschera che decidiamo di metterci addosso. Ben venga il mafioso che vuole essere buono! Magari fingere di esserlo gli piace e lo diventa!".

"Attenzione su questo tema del bene dovremmo approfondire, non vogliamo scadere nel buonismo! Questo deve essere uno spazio di inventori, sognatori, ricercatori, persone che si mettono in gioco a volte controcorrente in nome di un'ideale, un'idea, un sogno. Il ragazzo che inventa un nuovo modo di essere solidali, giovani che si sentono realmente cittadini del mondo. Ragazzi che trasformano la mancanza del posto fisso nell'opportunità di creare qualcosa di nuovo. Nuovi lavori, la green economy, la filosofia del baratto, dello scambio di case... del viaggiare dormendo sul divano di chi ti ospita, o della condivisione nelle spese per la benzina dell'auto di chi ti accompagna perché va nella stessa direzione."

"Parli del Bla bla car e del CouchSurfing!?".

"Sì, e soprattutto dobbiamo raccontare chi c'è dietro queste nuove modalità di vita. Chi le inventa e chi le usa e perché."

"Dobbiamo far emergere quel lato un po' folle delle persone, quel non so che del bambino che si nasconde in ciascuno di noi e permette a un anziano pensionato di trasformare il suo condominio in un palazzo di amici che inventano riunioni per avere occasioni di festeggiare qualcosa insieme."

"Sì, proprio così! Quel pizzico di follia che fa nascere ristoranti esclusivi all'interno di un carcere, che arma di pennelli e colori le mani di ragazzi e anziani che insieme riempiono di allegria e murales periferie degradate e riscoprono il gusto di stare gomito a gomito, condividendo lo stesso disegno da dipingere e scambiandosi aneddoti e racconti ciascuno della propria generazione."

"E come si fondono i colori sul muro si fondono le persone e si ricrea quel senso di comunità che abbiamo smarrito. Sì, bellissimo! Ho capito tutto il senso del programma. Follia contagiosa che spinge gli studenti di scuole diverse a rimbiancare le facciate del proprio istituto. Li ho visti ieri sotto casa mia!".

"Proprio così! Tutto questo dobbiamo raccontare perché è bello conoscerlo e perché ispira l'emulazione."

"Ragazzi, si è fatto tardi, appuntamento mercoledì prossimo; mi raccomando appuntate tutto ciò che vi viene in mente, telefoniamoci per scambiarci impressioni e idee e poi tutti puntuali qui la settimana prossima."

Le ore volavano in quelle riunioni. Ne seguirono molte altre e intanto il nome delle persone da intervistare cresceva e l'elenco dei pezzi da fare si allungava.

Le storie belle venivano scovate ovunque da quegli occhi che sempre più vedevano la realtà finalmente in un altro modo.

Maria Grazia si era investita di una sorta di controllo etico ma ogni tanto doveva cedere di fronte alla pressione degli altri desiderosi, ad esempio, di inserire pezzi su chi faceva con passione e amore il proprio lavoro.

"Ma cosa ci vedete di bello? Dovrebbe essere la regola!".

"Appunto Maria Grazia dovrebbe ma non lo è! Quindi anche la verduraia al mercato che tratta tutti con il sorriso, che vende le verdure che ha coltivato, che perde tempo a spiegare alla nonnina come cucinarle in un modo speciale ha il suo valore, e la sua storia ha un posto meritato all'interno di Tutto il bello che c'è!".

"Allora dovremmo starci anche noi a Tutto il bello! Guarda quanta passione e entusiasmo mettiamo nel creare questo spazio che neppure abbiamo!".

"Lo avremo, lo avremo."

Le riunioni erano sempre molto animate, gioiose. Ogni appuntamento durava il doppio di quanto avessero stabilito e, se qualcuno non poteva presentarsi fisicamente, lo faceva telefonicamente. Discussioni animate ma anche tantissime risate. Si discuteva su tutto: dal contenuto degli argomenti alla grafica da utilizzare.

"Luca Tomarelli è esperto in fatto di grafica, colori e impaginazione; ci suggerisce fondali di rottura con belle immagini di natura, simboliche e ricorrenti."

"Ma certo, inizierei con i fiori."

"Sì, Silvia, ma ritengo importante il simbolo della spirale in basso a sinistra del video. Una spirale che cambia colore a seconda dell'argomento."

"Va bene Marina, può essere un'idea, ma poi nella parte della pubblica amministrazione che funziona che colore usiamo? Il viola?".

"L'azzurro funziona di più."

"Non pensate al verde perché lo voglio usare per la spirale quando facciamo la sotto rubrica del benessere. E quasi tutti i servizi li voglio fare all'aperto. Anzi, potremmo fare che tu Silvia sei in studio e dai la linea a me che sarò in qualche bel posto, magari in mezzo ai ciliegi in fiore."

"D'accordo, d'accordo... poi però se la spirale verde si confonde con il verde del prato?!".

E giù risate, qualche stoccatina spiritosa e altre risate.

"Grazia vuole andare in giro per essere più libera di mangiare prelibatezze e scovare animali da salvare... già me lo vedo il collegamento: Grazia dove sei? E nessuno risponde e poi la telecamera la inquadra di sorpresa mentre si mangia di nascosto una frittella e accarezza qualche agnellino."

"E va bene, non m'interessa che la spirale sia verde ma che giri a significare che l'energia è in movimento, e Monica e Marina sono sicuramente d'accordo su questo, hanno fatto persino degli studi al riguardo. E mi interessa anche andare a fare i collegamenti nei bei posti, con la frittella in bocca!".

"Tu piuttosto, Silvia, con questa idea dei pezzi sulle Istituzioni che funzionano, sai quanti assessori, sindaci e onorevoli inizieranno a rompere con dei servizi specchietti per allodole? E che fai? Ti colleghi dal Parlamento per raccontarli?".

"Sceglieremo noi i servizi alla collettività che funzionano davvero. Penso a quelle regioni che stanziano fondi per creare strutture multifunzionali per i giovani, penso a quei sindaci che si danno da fare per la comunità anziana del paese e organizzano attività e servizi."

"Pensa anche ai corsi per insegnare alle donne operate di tumore a truccarsi e a superare lo shock di aver perso i capelli con le chemio."

"Giusto Federica, giusto, e tu nel settore sanitario ci puoi veramente dare una mano! Ragazzi, Federica Vetrano ha una grande esperienza in produzione, ha lavorato per Mediaset e varie società private; di spese e costi ne sa più di chiunque altro. Recentemente poi è stata messa alla prova da una malattia: ne è uscita vittoriosa e piena di esperienze che la rendono anche una preziosa testimone della buona sanità."

"Signori si è fatto veramente tardi!".

“Ma dai continuiamo ancora, noi possiamo partire domani mattina per tornare a casa.”

“Sonia non esageriamo! C’è molta intesa, affiatamento e direi che ragioniamo all’unisono... dobbiamo però essere consapevoli che la gestazione richiede tempo.”

“Hai ragione, però tra quindici giorni a Rimini ho organizzato un raduno di autori. Vi metto a disposizione telecamera e truccatore e anche un bel panno verde nello studio che fa da chroma key, così alle spalle avete uno sfondo neutro da poter coprire successivamente come volete. E finalmente potete iniziare con le vostre interviste, almeno abbiamo materiale per fare un DVD di presentazione del programma!”.

“Vulcaniche!! Eccezionali. Allora alla settimana prossima con elenco autori e tracce per interviste.”

“Lavorate tutti sodo! Pensate anche sotto la doccia! Le idee migliori nascono così, nei momenti di relax!”.

“‘Una persona sana è una persona felice’ così dice Nader Butto, un cardiochirurgo israeliano che opera al cuore, fa angioplastiche ma sostiene allo stesso tempo che, se non curiamo la nostra anima, quella malattia tornerà nonostante tutte le operazioni e i farmaci che possiamo usare. Perché la malattia fisica altro non è che un sintomo esterno, una spia d’allarme di un malessere spirituale. Pensare di risolvere il problema solo sul lato fisico è come voler far ripartire un’auto senza rimettere benzina, ma eliminando solo la spia rossa accesa che indica che il serbatoio è vuoto.”

“Monica, pensi che in un programma in Tv potremo parlare di libri come *Malattia come simbolo*, *Malattia come linguaggio dell’anima*?”.

“Bellissimi quei libri! Anche quello della Rainville *Metamedicina*: ogni sintomo è un messaggio. Da quando li ho letti le malattie per me hanno tutto un altro significato. Sono rimasta impressionata da che grande corrispondenza ci sia tra fastidi anche banali del corpo e il carattere personale. O meglio il nostro modo di affrontare le cose.”

"Avete mai notato quanta corrispondenza ci sia tra chi soffre di stitichezza e la tirchieria? Essere stitici è dovuto proprio a questa incapacità di lasciare andare le cose... Così come la frattura di un ginocchio è un messaggio dell'universo che ci fa prendere coscienza dell'incapacità che si ha in un determinato momento di prendere una direzione."

"Monica ma come faremo a raccontare queste cose in Tv? Parlare di altra medicina può essere più pericoloso che di altre religioni! Ci metteranno sul rogo!".

"Ci vorrà grande intelligenza. Innanzitutto ci sono sempre una buona medicina e una buona Chiesa di cui poter parlare. Guarda che lavoro meraviglioso fanno alcune parrocchie, alcuni sacerdoti così come alcuni medici e alcuni farmaci. Non dobbiamo confondere però la religione con la spiritualità e le linee guida per star bene a un livello più profondo con la medicina".

"È terribile questa necessità di ospedalizzazione, di farmaci, di terapie invasive e, cosa ancor più triste, questa continua promozione della chirurgia estetica anche per i più giovani senza raccontare quanti danni, quante sofferenze, quante conseguenze ci sono dietro a quelle tette rifatte, quelle labbra a canotto e quelle liposuzioni sbandierate come fossero dei semplici make up".

"Proprio per questo sarebbe bello parlare della bellezza attraverso le dive acqua e sapone di ogni epoca, e presentare i loro rimedi naturali. Spiegando anche perché quel determinato ingrediente ha proprietà cosmetiche."

"Bella idea, sì, tipo L'angolo della cucina nel mondo. La nostra potrebbe essere La cucina che unisce. Il cibo come dialogo, le ricette spiegate da donne di altri paesi e culture."

"Bello, e potremmo in questo angolo inserire anche tutte quelle onlus che si danno da fare per raccogliere il cibo in avanzo."

"Aspettate! È tutto molto interessante, ma voglio approfittare per chiedere una cosa tornando all'argomento malattia come simbolo. Ultimamente al lavoro mi hanno imposto un capo. Ero abituata a una certa autonomia, a esprimere la mia creatività a

360 gradi. Purtroppo questa persona è molto insicura e arrogante allo stesso tempo ed è portata a bocciare qualsiasi novità mentre il mio lavoro, da quindici anni, è caratterizzato proprio dalla possibilità di sperimentare. La mia sensazione fisica dal momento del suo arrivo è quella di avere un tappo che mi soffoca. È molto faticoso lavorarci insieme e ultimamente ho iniziato a soffrire di reflusso laringo faringeo. Monica, che connessione potrà mai esserci?".

"Non potresti avere un sintomo più calzante! La laringe e la faringe indicano la creatività, l'espressione e la comunicazione. Hai qualcuno che te le soffoca, un tappo hai appena detto, e l'organismo reagisce così. Devi curarti ma soprattutto lavorare alla rimozione di questo tappo riacquistando la tua indipendenza creativa. Tira fuori il tuo carattere di leader, la tua sicurezza, la tua umiltà. Sai quali sono le caratteristiche di un vero capo?".

"Essere responsabile, avere visione, avere passione, saper dare e rispettare le consegne, essere umile!".

"Perfetto, ci siamo. Chi lavora nel pubblico poi, corre maggiormente il rischio di diventare arrogante. Avere un posto sicuro, raccomandazioni per fare carriera e una pensione futura fanno nascere uno stato di arroganza e fanno dimenticare di essere pagati con soldi pubblici, dei cittadini, per prestare loro un servizio."

"Ragazzi, non divaghiamo. Torniamo a bomba sugli autori. Insomma Silvia chi hai intervistato a Rimini?".

"Ho conosciuto Deepak Chopra, Louise Hay, Wayne Dyer, Joe Dispenza."

"Si va be' Pippo, Pluto e Topolino. Dai non scherzare!".

"Vi assicuro, conosciuti e intervistati. Louise Hay è una donna fantastica, è ultraottantenne e incredibilmente in gamba."

"Veramente? Wayne Dyer, il padre della formazione, Luise Hay, la regina del pensiero positivo? Pazzesco, ma allora abbiamo materiale prezioso per il programma!".

"Finalmente l'avete capito! Ragazzi, è materiale prezioso per fare un trailer da mostrare in RAI, ma poi gli autori dobbiamo invitarli in studio anche periodicamente. Creare un salotto dove affrontare con loro vari argomenti e finalmente spostare l'attenzione del pubblico su tematiche più spirituali, filosofiche, sul benessere fisico e mentale, sull'armonia, sulle tecniche per ritrovare un equilibrio con se stessi e con l'universo."

"Magari lezioni per mantenere l'equilibrio con gli altri, in qualsiasi circostanza, roba da asceti in questo mondo di pazzi."

"Proprio così, invece, e potremmo partire proprio dal cinema. Provate a immaginare: mettiamo i primi fotogrammi di quel film 'Un giorno di ordinaria follia' dove Michael Douglas nell'ingorgo di auto a Los Angeles imbraccia il fucile e a stacco usciamo noi in studio, calme e rassicuranti e diciamo: 'Se volete evitare che la vostra vita si trasformi in tutto questo, provate ad affrontare la giornata in un altro modo. Sentiamo i consigli di Wayne Dyer.' E Wayne comincia con tutti i temi trattati nel suo libro *Le vostre zone erronee* e incanta e trascina i telespettatori."

"Potremmo parlare della possibilità che tutti abbiamo di cambiare al meglio la nostra vita, di smettere di lamentarci e darci invece da fare per costruire il mondo che vogliamo, cominciando a gestire in maniera diversa lo spazio e il tempo intorno a noi. E a quel punto chiediamo come fare a Joe Dispenza. E Joe comincia a raccontare come è necessario 'perdere l'abitudine di essere se stessi'. Come sia indispensabile per ottenere qualcosa dall'universo porsi in una condizione di apertura. E per essere ricettivi e aperti è altrettanto indispensabile uscire dalla routine, dai gesti meccanici e dai pensieri codificati soprattutto quando sono quegli immancabili pensieri negativi che attraggono a catena solo basse frequenze e negatività."

"Dice proprio così Dispenza: 'Dove metti la tua attenzione metti la tua energia.' Se si fissano i pensieri su un futuro prevedibile perché tutte le mattine mi alzo, mi lavo, vado al lavoro, stessa strada, stessi pensieri, la mia energia è invischiata in un futuro già programmato, non c'è spazio per l'imprevedibile, per l'ignoto, per la novità che solo a parole diciamo di aspettare."

“Ragazze non scherzate, volete mettervi a parlare di energia e frequenze vibrazionali in Tv?”

“Certo Marina, il tempo è arrivato. Useremo le parole giuste, ci faremo aiutare da questi autori. Molti sono medici, psicoterapeuti, scienziati. D’altronde noi altro non siamo che energia, facciamo l’esempio della radio che a me piace tanto. Quando ti vuoi sintonizzare su un canale cosa fai? Giri la manovella e ti sintonizzi sul giornale radio. Un altro programma, musica classica? Giri ancora e ti metti su un’altra frequenza... Musica jazz? Ancora qualche leggero movimento della manopola e ti sintonizzi sulle note del jazz. La stessa cosa dobbiamo imparare a fare con le nostre frequenze, imparare a sintonizzarci su quelle alte... è qui che si colgono nuove opportunità, nuovi incontri, si attingono nuove idee da una fonte universale a cui abbiamo accesso solo a determinate vibrazioni.”

“Monica esageri, sei una persona di scienza come puoi pensare che possiamo fare questi discorsi in Tv?”.

“Proveremo la loro autenticità con esperimenti, misurazioni scientifiche... ma sapete che l’acqua ad esempio cristallizza in maniera diversa a seconda dell’energia che la circonda? Addirittura a seconda dei pensieri che la circondano? Masaru Emoto, uno scienziato giapponese, ha scritto libri e fotografato milioni di cristalli d’acqua per dimostrare la sua teoria.”

“Va bene va bene, però dobbiamo procedere con calma e molta molta cautela prima di incamminarci su queste strade.”

“Va bene Grazia, cautela. Invitiamo questi autori e, partendo dai loro messaggi più semplici, iniziamo a interessare e incuriosire il pubblico con le loro teorie. D’altronde sono così famosi e così tante persone hanno letto i loro libri e seguito i loro seminari, che sarà facile per noi giustificare la loro presenza in studio pur senza schierarci apertamente a favore delle loro tesi. Poi con il tempo troveremo anche noi il coraggio di sostenerle.”

“Ragazze piuttosto, a proposito di cibo come dialogo, dobbiamo occuparci di tutte quelle onlus, associazioni, movimenti che sotto vario nome si danno da fare per raccogliere tutto il cibo in eccesso da ristoranti, alberghi, eventi, supermercati e lo fanno recapitare alle mense caritatevoli delle città."

"Bellissimo è vero! Hanno messo in piedi l'idea che avevo sempre avuto sin da piccola quando mia mamma mi diceva: 'Silvia mangia, non lasciare nulla nel piatto, pensa a quanta gente muore di fame nel mondo.' E io pensavo: ma perché devo mangiare più di quello che il mio corpo richiede, non possiamo portare il di più a chi non ce l'ha?! E immaginavo aerei carichi di cibo diretti in Africa. Per lo meno oggi abbiamo dei furgoni carichi di tanti pasti caldi per i meno fortunati delle nostre città."

"Giovani, giovani dobbiamo dare tanto spazio ai giovani! Anche ai bambini. Sono loro il futuro e poi sono senza sovrastrutture. La fantasia di un bambino è più potente di una formula matematica, lo diceva anche Einstein."

"Dobbiamo entrare nelle scuole, dobbiamo farci raccontare i loro progetti, sogni, idee."

"Giusto! A volte la loro schiettezza è disarmante. Vi racconto questa! Una nostra amica ha avuto in affido una bimba del Senegal. Lei e i suoi figli naturali sono biondi e chiari di pelle, la bimba nera nera. A un certo punto la mia amica è riuscita ad adottarla e un giorno, durante il pranzo, ha comunicato ai figli e ai nipotini che finalmente Emma era diventata sorellina e cuginetta a tutti gli effetti. Grande applauso e il più piccolino dei bambini con gli occhi sgranati: 'Ma perché zia Anna, Emma non è nata dalla tua pancia?'. 'No, Tommaso. Vedi, lei è così nera non sarebbe stato possibile.' 'Ah capisco, non ci avevo mai fatto caso che siete di colori diversi.'"

"Meraviglioso!". Commentarono tutti in coro.

"Idea! Facciamo così: chiediamo in ogni puntata a un bambino cos'è per lui la felicità. Ci stupiranno ogni volta con le definizioni più incredibili."

"Quando il sorriso fa notizia: è proprio il caso di dirlo!".

"Certo! Il senso è che fa più notizia un albero che cade di una foresta che cresce. E noi vogliamo raccontare la foresta che cresce!".

"Fortunatamente è bene ripeterlo, sono molte di più le persone che tutti i giorni fanno il loro lavoro con onestà e dedizione di quante con un cappuccio in testa vanno a fare rapine. Viceversa vivremmo nel far west!".

"La società sta migliorando, c'è molta più sensibilità e attenzione al prossimo; certo si rischia sempre di essere anestetizzati di fronte al disagio altrui, ma rispetto ai secoli scorsi la società sta migliorando."

"Concordo Pier Giorgio e c'è anche più attenzione ai disabili, prima non li vedevi neppure in giro ora c'è tutto un movimento per far valere i loro diritti di persone. Ci sono le paralimpiadi, la tecnologia dà loro un valido aiuto per sopperire ai deficit fisici; ci dobbiamo occupare anche di tutto questo mondo."

Passarono mesi. Quelle riunioni scandivano la vita del gruppo creando amicizie trasversali e un clima pieno di promesse e sogni che solo l'atto del creare può generare.

Maria Grazia era rinata. Piena di idee per il programma, di persone da contattare per verificare l'eventualità di intervistarle. Quando raccontava le sue giornate cinguettava, il suo respiro era tornato regolare e gli occhi le brillavano sempre. Nel gruppo si era creata un'empatia speciale e anche se a molti è difficile credere nella telepatia, tra noi funzionava alla grande. La produttività era superiore a quella di un programma già regolarmente in onda.

Arrivò il momento di dire basta all'ideazione e passare all'azione. Fu prodotto un DVD. Con tutto il materiale girato e con la grafica decisa, venne creato un pezzo ad hoc, un trailer da mostrare ai dirigenti RAI e, con altre due nottate di lavoro, fu montato il numero zero di Tutto il bello che c'è.

Il lavoro fu fatto con un montatore dal profetico nome: Angelo Mandatodadio che lavorava come free lance e aveva uno studiolo in casa, a pochi passi dall'ospedale San Camillo. A Silvia era sembrato molto ben augurante avere tutta questa popolazione celeste intorno.

Per maggiore sicurezza andò a registrare alla SIAE il frutto del loro lavoro e una puntata venne anche mandata in onda su una televisione privata per assicurarsene la titolarità.

La televisione aveva accettato con qualche titubanza ma il giorno dopo contattò il gruppo chiedendo altre puntate perché avevano ricevuto moltissime telefonate da telespettatori entusiasti.

Tutto filava liscio, così liscio che sembravano guidati in tutto ciò che facevano.

Silvia e Maria Grazia iniziarono a bussare a tutte le porte della loro azienda.

La prima quella del presidente RAI di cui Grazia conosceva l'assistente. Furono ricevute, grandi sorrisi, grande disponibilità in alcuni casi ma poi nessuno si impegnava a far nascere il programma. Nulla si muoveva. Giorni di anticamera, anche mesi per parlare con i vari direttori di rete, radio e Tg. Furono ricevute anche nei canali tematici. Nulla.

Silvia non perdeva la speranza. Ormai i loro occhi erano definitivamente cambiati e ritenevano fondamentale adoperarsi per lanciare messaggi di positività, di incoraggiamento soprattutto raccontando le storie di chi ce l'aveva fatta. I loro eroi erano persone normali che compivano azioni straordinarie semplicemente credendo in ciò che facevano. I loro eroi erano quei personaggi capaci di creare circoli virtuosi attorno a se stessi, animati a volte solo da passione e fantasia.

Non avendo uno spazio ad hoc, Silvia e Grazia iniziarono a infarcire il Tg delle storie di chi aveva fatto della positività e della passione per il proprio operato la sua bandiera, grazie a una grande libertà di azione che il direttore Orfeo aveva concesso su alcuni temi.

Erano passati 6 anni dall'inizio della ideazione del programma, e Silvia e Maria Grazia ormai erano consapevoli della potenza del pensiero positivo e di quanto fosse contagioso.

Finalmente accadde qualcosa.

Silvia venne chiamata nella stanza dal direttore del Tg2 Marcello Masi:

"Tu che sei fissata con le notizie positive vai a Parma a intervistare un bambino che vuole un Tg di buone notizie. A chiederlo è la Tarantola."

In pochi attimi Silvia capì. Un bambino di dieci anni aveva scritto alla neo presidente RAI chiedendo un Tg di notizie positive sulla rete due. "Cara presidente Tarantola vorrei tanto un telegiornale di belle notizie su RAI 2. Un Tg che parli dei bambini, delle scuole di Paesi stranieri, di animali, di scoperte scientifiche."

Una letterina di poche righe dalla scrittura chiara e infantile affidata alle Poste da una buca delle lettere a Parma provocò in poche ore uno tsunami.

La presidente Tarantola chiamò il direttore del Tg2 Masi inoltrandogli la missiva di Mario Negri, questo il nome del potentissimo bambino, manifestando chiaro interesse a che qualcosa venisse fatto.

"Grazia, il direttore mi manda a Parma a intervistare un bambino che ha chiesto alla presidente RAI un Tg di buone notizie su RAI 2. È fatta! Partiamo!".

"Un bambino ha scritto alla Tarantola? Ma tu vai a fare un'intervista mica ti hanno chiesto un programma!?".

"Ho un piano. Intervisto il bambino, racconto la sua storia: lui davanti al televisore che scrive alla Tarantola, poi vado alla sua scuola, intervisto i professori e tutti i compagni di classe. Riprendo anche il loro Tg. Sai che cercano le buone notizie in città e mensilmente fanno un Tg?".

"Che bravi, bellissima idea, ma che c'entra il nostro programma?".

"Anche noi volevamo fare il Tg positivo, ricordi?".

"Certo ma in Tv!".

"E in Tv intanto mettiamo il loro Tg fatto in classe e poi l'idea è questa: continuare le riprese della storia a Roma. Chiediamo a Masi e alla Tarantola se gradiscono la visita del bambino e lo riprendiamo anche nello studio del Tg2."

"Sei matta e poi...".

"E poi se l'universo ci aiuta uno spazio ce lo danno! Io faccio un bel pezzo su questa storia da 5/6 minuti per il Tg delle 18 che è un'edizione minore, se fa un buon ascolto chiediamo di fare un pezzo simile con buone notizie tutte le settimane."

"Mah, mi sa che ti illudi. Masi ti ha detto solo di fare un'intervista."

"Fidati Grazia! Dopo tanto silenzio Masi che mi chiama per fare un pezzo su un Tg di belle notizie. È una coincidenza che non va sprecata! Piuttosto pensa a un'altra bella storia per la settimana prossima e per quella seguente; le migliori tra le milioni che abbiamo pensato per anni, e subito gliele proponiamo."

Mario arrivò a Roma.

Bellissimo vedergli varcare la soglia del Tg2. I genitori al suo fianco, ma era lui ad accompagnare loro in questo magico e inaspettato viaggio.

Entrò in saletta di montaggio, in regia, in studio. Ovunque fece domande e sempre ricevette spiegazioni dettagliate.

Attento e soddisfatto mangiava tutto con gli occhi, avido di sapere, ci mancava solo che prendesse appunti.

Masi gli fece un'accoglienza trionfale, gli cedette la sua sedia e gli chiese di esporgli la sua idea di Tg. "Mi piacerebbero servizi sulla vita dei bambini negli altri Paesi, i loro programmi di studio, le loro giornate, i loro hobby. Servizi sulle scoperte scientifiche, sugli animali in via di estinzione e cosa fare per salvarli."

"Bene, allora seguici. Il nostro Tg2 è molto attento agli animali. Adesso dirò ai nostri giornalisti di occuparsi un po' di più della scuola nel mondo."

Masi guardava tra il divertito e l'affascinato quel piccolo uomo che, per nulla intimorito, seduto alla sua scrivania snocciolava idee per il suo telegiornale.

La presidente Tarantola fu, se possibile, ancor più disponibile. Lo fece accomodare su un divanetto e lo interrogò a tu per tu:

"Quindi vorresti notizie sulla vita degli altri bambini nel mondo e i loro hobby... e il tuo qual è?".

"I treni. Li disegno, li costruisco. Riempio calendari e calendari di orari e fermate. I miei treni percorrono tutta l'Italia e qualche Paese in Europa."

Di slancio la presidente si alzò per prendere un fiammeggiante freccia rossa che faceva bella mostra di sé sulla libreria della sua stanza al settimo piano di viale Mazzini e glielo porse con affetto.

"Tieni è tuo, ne saprai fare più buon uso di me."

Lo splendido regalo non le risparmiò una battuta di Mario che, interrogato sui suoi gusti televisivi le chiese: "Ma perché avete mandato via Luciano Onder? A me piaceva tanto come spiegava le cose di medicina."

La presidente si scusò e spiegò che ci sono delle leggi che stabiliscono le età pensionabili e che non si trattava di una sua decisione.

Con qualche taglio per evitare pubblicità alle FS e polemiche sulle scelte dei giornalisti da "salvare dalla scure della pensione", il pezzo andò in onda.

L'ascolto fu alto e lo spazio di 6 minuti settimanali di buone notizie all'interno del Tg delle 18 fu concesso.

Nel giro di pochi mesi lo spazio diventò di 12 minuti. Era composto da più pezzi lanciati da un altro studio. Silvia e Grazia si alternavano nella conduzione, come colonna sonora alla loro voce il brano di Pharrell Williams "Happy" e come sfondo, nello studio, scelsero immagini di fiori bellissimi.

Risultato: un bell'impatto visivo e di contenuto visto che era all'interno di un Tg. Forse anche per questo l'ascolto si alzò moltissimo, quasi il doppio rispetto alla prima parte del telegiornale.

"Ci farete ridere dietro da tutti! Che significa dare solo belle notizie?!".

"Il giornalista ha un dovere d'inchiesta, di raccontare ciò che non va, di portare alla luce magagne politiche. Un dovere di concorrere a formare l'opinione pubblica su determinate tematiche."

Silvia e Maria Grazia a volte venivano attaccate in redazione da colleghi non convinti della validità di quello spazio ma loro ribattevano con convinzione.

"Per carità ci sono tutte le edizioni per farlo, ma lasciate questo spazio di buone notizie, fanno anche loro parte della realtà."

"Nei Tg dimentichiamo da troppo tempo quella parte costruttiva della società che per fortuna è sempre attiva e conta su molte molte forze. Noi semplicemente la raccontiamo. È frutto di inchieste anche il nostro lavoro."

"Anche noi, con queste notizie belle concorriamo a formare un'opinione pubblica. Noi portiamo alla luce le virtuosità di alcune scelte politiche e la virtuosità autonoma di alcuni cittadini."

Lo spazio di Tutto il bello che c'è non passava inosservato all'interno del telegiornale. Masi diede carta bianca a Silvia e Maria Grazia e a luglio lo spostò al giovedì, subito dopo il Tg2 delle 13:30.

Una grande promozione: diventava una vera e propria rubrica collocata in un orario di grandissimo ascolto. Ora occorreva mantenere l'audience che aveva Costume e società in quella giornata.

Il direttore, che era diventato un fervente sostenitore di Tutto il bello, venne ancora in aiuto. Decise di dedicare a Tutto il bello che c'è uno dei titoli del Tg delle 13 del giovedì e un pezzo sempre all'interno del telegiornale che anticipasse l'argomento della rubrica.

Masi stabilì poi che 6/7 colleghi, pur essendo incardinati in altre redazioni, due giorni la settimana fossero distaccati a Tutto il bello che c'è. Erano i colleghi che fin dall'inizio, spontaneamente, avevano iniziato a collaborare sentendo un'affinità con i temi trattati. Carola Carulli, Laura Gialli, Daniele Rotondo, Laura Sansavini, Bruna Fattenotte, Fabrizio Frullani, Dorotea Gambardella.

"Silvia sono a Milano per seguire un congresso del Pd e il tassista mi ha raccontato di aver restituito una montagna di soldi a due ragazzi russi che li avevano dimenticati in auto. Lo intervisto?".

"Grazia c'è un signore che ha deciso di donare il suo piccolo giardino alla collettività e lo sta trasformando in un piccolo giardino zen."

"C'è una banda bellissima formata da bambini di famiglie disagiate di Palermo e l'associazione li fa studiare e suonare in palazzi e chiese bellissime perché crede che la bellezza li salverà. Vi interessa?".

Le continue segnalazioni dei colleghi rincuoravano Silvia e Maria Grazia: il seme gettato iniziava a produrre germogli e, cosa ancor più formidabile, tutte quelle storie, notizie, personaggi che avevano individuato anni prima in quelle interminabili riunioni, arrivavano a loro senza cercarli, addirittura segnalati dai colleghi. Si sentivano come guidate, come fossero attrici con una regia esterna. Una regia che in anni passati loro stesse avevano messo a punto curando ogni dettaglio e che ora sembrava vivere di vita propria: come un fiume in piena in cerca del mare, le guidava in maniera inarrestabile.

Tuttavia alcune voci interne ancora gettavano ombre sulla validità di un simile spazio.

"Grazia, il 'Corriere della sera' ha tutta una pagina di buone notizie. Ho chiamato il vicedirettore Giangiacomo Schiavi e si è detto entusiasta di una collaborazione. Mi ha detto che ne avrebbe parlato a Luca Mattiucci, è lui che di fatto cura quello spazio. Il Corsera ha il suo peso, potrebbe accreditare il nostro lavoro anche all'interno del Tg2. Che ne pensi?".

"Nemo profeta in patria! Siamo all'unisono, io domani incontro proprio Mattiucci. È una coincidenza pazzesca, mi ha appena cercato lui per concordare insieme alcune storie."

"Che bello! Ottimo! Io invece domani vado a intervistare un signore anziano, gentile, dallo spirito giovane, quasi adolescenziale, per quanta passione mette nel suo lavoro. Da 20 anni ha creato una agenzia di buone notizie e con l'aiuto di 6/7 volontari le diffonde a migliaia di indirizzi via web: 'Good news agency'. Sono tutte notizie tratte da accordi internazionali, scambi commerciali tra Paesi, investimenti economici delle comunità più forti a favore delle più disagiate. Sergio Tripi è il nome di questo acceso sostenitore della teoria che i nostri mezzi di informazione trascurano quella grande fetta della società costruttiva: milioni di persone che si danno da fare, per puntare invece i riflettori su quei pochi che, con molto clamore, fanno danni. Potremmo inserire una striscia scorrevole con le notizie della sua agenzia, è molto interessato anche lui a collaborare con noi. Che ne dici?".

"Bene dai, sicuramente avere contatti con chi fa il nostro stesso lavoro ci rafforzerà."

Passò l'estate e il programma andò sempre regolarmente in onda.

Maria Grazia era molto provata ma talmente concentrata sul lavoro da affrontare tutto con il sorriso sulle labbra.

"Silvia ho paura che Grazia si stanchi eccessivamente a lavorare ma non l'ho mai vista così felice" disse un giorno mamma Rosa. "Grazia ha sofferto tanto in alcuni periodi in questo Tg. Ha avuto anche tante soddisfazioni, ma così felice e innamorata di quello che fa non l'ho vista mai!".

A nulla servivano le raccomandazioni di Silvia e degli amici del gruppo, Grazia non si risparmiava.

"Grazia vogliamo far condurre qualcun altro e noi facciamo solo le ideatrici e scriviamo tutti i testi? Sarà meno faticoso!".

"Silvia mi faresti un dispetto. Sono felice di essere io a dialogare con il pubblico. Ed è importante che lo faccia anche tu. A me dà molta carica, continuiamo!".

Camminava a fatica, parlava con delle pause, la magrezza sopraggiunta la rendeva se possibile ancor più bella e continuava instancabilmente a sfornare storie da raccontare e personaggi da intervistare.

"Silvia ricordati di far fare il servizio sulla raccolta di pomodori senza sfruttamento; ricordati che prima o poi anche quest'anno i ciliegi fioriscono... ed è uno spettacolo che parla al cuore."

Era la sera del 19 ottobre, le nove di sera, l'ultima telefonata di Grazia a Silvia.

La notte tra il 20 e il 21 se la portò via, a un anno esatto dalla nascita di Tutto il bello che c'è.

Giorni di frastuono e dolore. Giorni di silenzio e dolore. Giorni di incredulità e dolore.

The show must go on e Silvia come un soldatino metteva in onda Tutto il bello che c'è settimana dopo settimana.

Erano talmente tanti i pezzi preparati da Grazia, che Silvia il distacco lo avvertì molto tempo dopo. Viveva una sorta di rapporto virtuale tagliando i suoi pezzi e mettendoli in onda, confezionando puntate su puntate.

La vedeva tutti i giorni, bastava fare un click sul suo computer per averla lì, in mille situazioni: a intervistare gli avvocati di strada che difendono gratuitamente i diritti di chi i soldi non ce li ha, ad accarezzare agnellini in un fuori onda e in onda, a intervistare aspiranti musicisti tolti dalla strada da qualche magico mecenate; perché negli ultimi mesi per Grazia non vi era differenza: Viveva e si filmava senza distinzione. Iniziò a vivere nuove realtà per riprendersi quella vita che le scappava tra le mani: faceva yoga, meditazione, batteria, passeggiate nei prati e tutto finiva nel programma. Nessun protagonismo, anzi, voglia di sperimentare le realtà che andava raccontando. Voglia di metterci la faccia e condividere le idee portate avanti dalle persone più disparate che, investendo energia, soldi e tempo, con passione si facevano paladini di qualche cambiamento. Avvocati di strada che dedicavano ore a clienti squattrinati, dentisti impegnati a far tornare il sorriso ad anziani senza pensione, musicisti a riposo che creavano bande musicali con i giovani del paese. Il suo lavoro era stato notato anche dalla neo presidente RAI Monica Maggioni, che l'aveva conosciuta da collega in un periodo in cui entrambe erano impegnate come corrispondenti da Parigi. Nel giorno dei suoi funerali elogiò il suo impegno giornalistico e ancor di più e dettagliatamente lo prese ad esempio tempo dopo, in un seminario per giovani giornalisti. "Il giornalismo costruttivo è una nuova frontiera, importante e affascinante... la nostra collega Maria Grazia Capulli e la sua squadra del programma Tutto il bello che c'è, ne è stata una valida antesignana."

Silvia continuava a preparare puntate inserendo passato e presente, pezzi di Maria Grazia e pezzi che commissionava a colleghi anche di altre testate, spesso frutto di quel circolo virtuoso che si era innescato.

Poi un giorno qualcuno disse che non era "deontologico" mandare in onda pezzi di chi non c'era più. Quel giorno stesso arrivò in redazione Luca Mattiucci, il giornalista del "Corriere della sera" con cui Grazia mesi prima si era incontrata.

"Ciao grazie dell'aiuto. Grazia mi diceva che le passavi molte belle storie e alcune le abbiamo raccontate in Tv citando la fonte Corsera".

"Il nostro era un appuntamento settimanale. Ci incontravamo da Pallotta a Ponte Milvio. Il tempo sembrava fermarsi, passavamo ore e ore a raccontarci storie bellissime. Lei scherzava e mi prendeva in giro. 'Scribacchi bene ci metti il cuore, ci sai fare con la penna'."

"Ho letto la lettera che hai pubblicato il giorno che se n'è andata. È di un'intensità struggente.

Il nostro invece era un rapporto quotidiano! Molto stretto. A volte quasi simbiotico, a volte a distanza, comunque così intenso che ancora non sento un vuoto. Sono piena di lei, dei nostri discorsi, progetti, litigi. Sì, caro Luca, per fortuna facevamo pace in poche ore, ma il rapporto con Grazia è sempre stato molto impegnativo. L'ho anche delusa, tante volte, lei si aspettava sempre il massimo e a volte rimaneva male per le mie dimenticanze... ma portare avanti una famiglia, il lavoro, le mamme e le zie anziane non è una passeggiata. A volte Grazia mi sembrava il fiore del Piccolo Principe che tossiva per richiamare l'attenzione."

"Per me è stata la volpe. Mi ha ammaestrato e io andavo al nostro appuntamento da Pallotta con la gioia nel cuore. Senti Silvia, vengo a proporti di continuare questa collaborazione, di ufficializzarla con i rispettivi direttori."

E forse fu proprio per merito di Grazia che il direttore del Tg2 Masi e il direttore del "Corriere della Sera" Fontana si incontrarono e firmarono un accordo per aprire un ulteriore spazio di Tutto il bello che c'è il mercoledì mattina. Le storie segnalate sarebbero state scelte da entrambe le testate: in parole semplici da Luca e Silvia.

Mezz'ora settimanale, a volte un'ora all'interno dello spazio di Insieme, la mattina, con 4 ospiti: gli eroi delle belle storie che sin dal 2008 elencavano nelle loro riunioni a cui vennero aggiunti i personaggi scelti da Mattiucci, esperto del terzo settore e dunque esperto conoscitore di chi nel sociale si dà veramente da fare!

L'esperimento partì proprio sotto Natale. Prima puntata il 21 dicembre 2015 con ospite il direttore Fontana, Mattiucci e una bellissima diciottenne che aveva scelto di festeggiare il suo compleanno per le strade di Milano raccogliendo fondi con i suoi amici per una comunità disagiata in Costarica che aveva conosciuto nel suo quarto anno di studi all'estero.

E così la dichiarazione d'intenti del direttore Fontana di far conoscere quella parte della società che si dà da fare si concretizzò immediatamente con le belle immagini di ciò che Margherita Adolfato era riuscita a realizzare. 20 mila euro raccolti in vari angoli della città dove tanti amici avevano allestito piccoli concerti, spettacoli, recitazione di poesie e qualsiasi forma artistica per raccogliere fondi.

A Tutto il bello che c'è arrivarono studenti, imprenditori, artisti, medici, avvocati, casalinghe tutti a raccontare la loro esperienza di "collaboratori al bene comune". Dal cav. Giuseppe Guzzetti a Letizia Moratti, dalla signora Sabrina Coccoloni che cuce vestiti per i bambini africani con una fitta rete di casalinghe creata dal suo Facebook a Mario Rossi che insieme a un gruppo di amici dipinge splendidi murales che ravvivano la periferia romana, a Luigi Spadafora uno studente liceale che ha contagiato tutta la sua scuola con la poesia, e con il ricavato di libri e spettacoli con cui ha incantato Cosenza ha comprato pc per la casa di accoglienza di immigrati accanto alla scuola. E in cambio i giovani immigrati hanno accettato di venire a raccontare le loro storie nelle aule, ai loro coetanei.

Chi con profitto, chi da volontario, chi da stipendiato, chi da pioniere di una nuova idea, chi da scienziato. Tantissimi i pionieri del buon agire portati nello studio del Tg2.

Quattro anni accompagnati dai sogni di Silvia su Maria Grazia, il primo il 24 dicembre 2015: "Silvia ricordati i bambini, le favelas, il coro mani bianche, musica leggerezza racconta gesti belli, non piangere stammi a sentire c'è poco tempo invita ospiti, i nostri eroi, ricordati fiori, giardini, manda amore, manda amore."

Tanti i messaggi, le informazioni che Silvia era convinta arrivassero direttamente dalla sua amica e collega. Sotto forma di email come quella dell'istituto di cultura giapponese che la invitava a un pranzo in un giardino di ciliegi in fiore, per godere lo spettacolo dell'hanami... Era come se quegli eroi che in tante riunioni avevano immaginato o selezionato, quegli argomenti che tanto le avevano appassionate, venissero direttamente a bussare alla sua porta.

"Buongiorno spettabile redazione mi occupo di raccolta cibo. Siamo una comunità di foodbuster – acchiappacibo – per noi le persone bisognose sono dei super eroi. Siamo convinti che etichettare le persone in un modo o in un altro possa fare la differenza. Ogni recupero cibo che facciamo si può seguire in diretta sui nostri social fino alla consegna a chi ne ha bisogno, così da creare più consapevolezza verso lo spreco e capire invece cosa può significare una scelta di sostenibilità equa e sociale."

"Buonasera spettabile redazione siamo gli alunni del IX istituto onnicomprensivo di Padova, abbiamo dedicato il progetto scolastico "La buona notizia" a Maria Grazia Capulli per ricordare il suo sorriso e l'esempio di chi ha lavorato in modo pulito e costruttivo, ispirando in chi la seguiva buoni sentimenti. Ci siamo trasformati in giornalisti reporter delle buone notizie del quartiere e abbiamo fatto anche un musical per lanciare il messaggio che i mezzi di informazione sono preziosi se usati bene e per il bene. Venite a trovarci?".

Ogni email un sobbalzo! Neanche a dettarle sarebbero state così eloquenti e con tante parole chiave: sorriso, lavoro costruttivo, mezzi di informazione volti al bene... e dulcis in fundo, una volta giunti sul posto un'ulteriore coincidenza ci faceva capire di essere sulla giusta strada. Ad esempio andando a riprendere il Tg positivo delle elementari di Padova, il sobbalzo finale fu lo spettacolo che terminava con i bambini che in coro dicevano "fa più rumore un albero che cade di una foresta che cresce e noi vogliamo raccontarvi la foresta che cresce". Le stesse parole usate da noi nel DVD di presentazione del programma che avevano visto solo alcuni mega dirigenti RAI non certo dei bambini delle elementari.

E poi sogni e ancora sogni in cui Maria Grazia puntuale veniva a dare raccomandazioni: "Magia deve esserci magia, parole incantate. Favole per grandi e piccini. Belle immagini di farfalle. L'amore è l'unico ponte tra voi e noi."

"Invita esploratori, scrittori, sognatori, sognando si crea, lo sai. Bisogna agire ma anche sognare. Cita Anatole France."

"Ci sono tante persone da chiamare. Ricordi suor Ceretto, gli immigrati che si danno da fare, come quello dello yogurt, ragazzi volenterosi."

"Silvia manda bellezza, manda amore. Usa anche il popolo del mare, stelle marine, pesciolini colorati, fondali marini pieni di fiori e coralli."

"Parla di stelle e pianeti e parla di anima, di emozioni, di gioia. Gioia, gioia con musica e canti."

E sullo schermo quella settimana a Tutto il bello che c'è andava in onda la compagnia di ballo del Venezuela incontrata "per caso" nella comunità di Capodarco. Ragazzi delle favelas che con magia e gioia facevano volteggiare una danzatrice che poi, con amore, riponevano su una sedia a rotelle e infine, con una maestria che solo la passione può creare, ballavano ancora usando la sedia a rotelle come punto di appoggio di tutti i loro corpi. Una musica che parlava dritta al cuore e una coreografia da strappare lacrime e applausi.

"Occorre avere attenzione a tutto, all'altro, essere leggeri e sensibili. Il più possibile aperti, unico modo per non ferire il Pianeta, le persone, gli animali, persino le cose. Amore, amore, amore, danzare, ballare, esprimere gioia. Vola alto stellina."

Maria Grazia parlava attraverso i sogni e nella puntata di quella settimana a Tutto il bello che c'è Silvia come ospiti aveva quattro giovani idealisti. Un biologo cellulare, Emiliano Toso, che dopo aver sequenziato per anni il DNA ora scrive musica per le cellule. Ha compreso che il segreto della vita, che si credeva nel DNA, risiede nelle nostre scelte che possono determinare malattie o benessere più dei filamenti del DNA. Una nuova scienza, l'epigenetica, lo spiega in maniera inequivocabile. Un esploratore: Michele Pontrandolfo che da anni insegue il sogno nell'Artico per conoscere meglio la sua anima. Uno scrittore: Andrea Pietrangeli che nel suo libro *InCarnAzione* racconta il viaggio di un'anima che decide di incarnarsi. Una lettura della vita come palestra in cui allenarsi con ampia facoltà di errori, per raggiungere vibrazioni più alte, quelle che permettono alle anime di poter scegliere il pianeta su cui vivere per l'eternità.

E infine un architetto: Angelo Ziranu, che ha lavorato alla Sagrada Familia di Gaudí e ora gira il mondo costruendo chiese e facendo mostre per spiegare anche ai profani quell'arte magica di riprodurre nella pietra le forme della natura, rispettando le proporzioni auree proprie di alberi e fiori e che tutti i grandi artisti della storia conoscono.

Ogni giorno alle nuove storie belle da raccontare si aggiungevano le scoperte sulle belle storie già vissute.

Come quella che innescò l'incontro tra Grazia e Mattiucci. Il vicedirettore Schiavi disse a Mattiucci di chiamare la giornalista di Tutto il bello che c'è che lo aveva cercato. "L'ho vista anche in onda, è bionda." E si riferiva a Silvia. La settimana dopo a condurre tutto il bello era Grazia, anche lei bionda, e Mattiucci la chiamò.

O quando i primi di gennaio del 2016 arrivò una telefonata in redazione dello staff del presidente Mattarella: "Il presidente ringrazia ma non riesce a venire, vi augura però un proficuo lavoro."

Silvia pensò a uno scherzo, invece Mattiucci lo aveva realmente invitato dopo aver ascoltato la parte conclusiva del suo discorso di fine anno in perfetta sintonia con Tutto il bello che c'è.

Mattarella aveva infatti sottolineato come nel suo primo anno di presidenza avesse incontrato molte persone e conosciuto le loro storie. "Storie di coraggio, di impegno, di spirito di impresa, di dedizione agli altri, di senso del dovere e del bene comune, di capacità professionali, di eccellenza nella ricerca." Tanto da fargli concludere "e non si tratta di eccezioni. L'Italia è ricca di persone e di esperienze positive".

Ancora un anno dopo ed ecco che a gennaio 2017, a parlare della necessità di dare buone notizie è papa Francesco. Il 24 gennaio nella ricorrenza di san Francesco di Sales patrono dei giornalisti e dei comunicatori, Bergoglio chiede loro di essere fari che illuminano il buono che c'è in questo mondo, in ogni storia e in ogni persona.

"Se indossiamo gli occhiali della buona notizia non lasciamo al male l'ultima parola. Vorrei che questo messaggio potesse raggiungere e incoraggiare – scriveva il papa – tutti coloro che, sia nell'ambito professionale sia nelle relazioni personali, ogni giorno 'macinano' tante informazioni per offrire un pane fragrante e buono a coloro che si alimentano dei frutti della loro comunicazione."

"Notizie costruttive" chiedeva Francesco, evitando di spettacolizzare il dramma del dolore e di spezzare invece il circolo vizioso dell'angoscia. Qual è la logica della buona notizia? Non è vivere nel mondo delle favole, ma essere consapevoli che ogni dramma che accade nella storia del mondo diventa anche scenario di un possibile esito positivo, dal momento che l'amore riesce sempre a trovare la strada della prossimità e a suscitare cuori capaci di commuoversi, volti capaci di non abbattersi, mani pronte a (ri)costruire.

Un racconto che non ha fine questo di Tutto il bello che c'è, capace di trasformare in incontri anche i possibili scontri e così, superato l'esame con la direttrice Ida Colucci, grazie a lei è riuscito a concludere il suo quarto anno di vita e ad affacciarsi al quinto con i migliori auspici: quest'anno, il 2 agosto è stato persino il programma più visto su RAI 2 .

L'insediamento di Ida Colucci nell'agosto 2016 coincise con l'affidamento della rubrica alla supervisione di una persona di sua fiducia: la collega Maria Rita Grieco. Chi avrebbe immaginato che la tensione iniziale si trasformasse presto in una bella collaborazione?

Senza una redazione sua, in realtà può contare su tutta la schiera dei giornalisti RAI e non solo RAI... in tanti ci danno una mano in Italia e nel mondo! E, come in un gioco di specchi che ancora riflettono e rinviano a quelle antiche riunioni, ancora tutti ma proprio tutti continuano a collaborare.

Sonia viene come ospite, Luca Tomarelli segnala le novità e le tendenze positive, Marina segue Facebook , Roberta Bianchi la regista dà mille indicazioni nelle interviste, Luca Mattiucci scova storie meravigliose nel sociale...

“Silvia devi venire a Livorno a fare un pezzo sui bimbi della mota che in livornese vuol dire fango.”

“Paola ma non sei in ospedale a Milano?”.

“Si, ma mi tengo informata e occorre che tu faccia fare un servizio; ti ricordi gli angeli del fango di Firenze? Be' a Livorno non sono da meno, spalano, aiutano! E poi vanno tutti a pranzo da un mio amico, un toscanaccio burbero che li ospita gratis nel suo ristorante, nella sua grotta delle fate.”

“Le fate Paola, mi sembra giusto che ci siano delle buone fate di mezzo! Ubbidisco Paola, organizzo e poi ti vengo a trovare, tieni duro!”.

“Silvia qui a Rovereto c'è la allenatrice della nazionale non udenti di Pallavolo Alessandra Campedell, hanno vinto l'argento alle olimpiadi ed è una ragazza speciale vieni a intervistarla ! Piuttosto ti sei decisa a bussare al mega direttore RAI per trasformare tutto il bello in un programma settimanale sulla rete? O vuoi che te lo soffino? Vai che aspetti?”.

"Hai ragione Roberta dai, questa volta ci provo!"

E dall'alto credetemi, ci segue Maria Grazia anzi ci precede e ci dà indicazioni nei sogni... D'altronde Tutto il bello che c'è è nato da un sogno che con amore abbiamo voluto realizzare.

"Sii tu il cambiamento che vuoi vedere nel mondo."

Mahatma Gandhi

Silvia Vaccarezza, giornalista del Tg2 RAI dal 1997, ha ideato la rubrica Sì Viaggiare e con Maria Grazia Capulli Tutto il bello che c'è. Ha scritto quattro libri di racconti *Cuori di pietra*. Da sempre nella Fondazione Bellisario. Sposata e mamma di due ragazzi. Sognatrice, nuotatrice, amante dell'armonia.

Take me back serendipity

di Andrea Mariani

"*Nam* significa 'acqua' e *jai* 'cuore'. Letteralmente,
'acqua del cuore'. Due parole che descrivono
il sentimento di generosità che nasce in un individuo
quando si sacrifica per aiutare un amico
o uno straniero bisognoso di accoglienza."

Come nascono le idee che poi diventano progetti ai quali si vorrebbe lavorare sedici ore al giorno senza sosta? Nascono da una casualità che, come spesso si scopre, tanto casuale in realtà non è mai. Take me back nasce da un viaggio fatto da Andrea insieme a sua moglie Erika. La meta: lo Sri Lanka. In quel viaggio on the road i due ebbero il piacere, e successivamente avrebbero scoperto anche la fortuna, di incontrare una famiglia di abitanti locali, che li ospitarono in una casetta a ridosso della giungla, nel paesino di Habarana. Quattro mura che racchiudevano un'unica stanza di circa venti metri quadrati, che ospitava un padre, una madre e tre bei bambini: una femminuccia e due maschietti. Dormivano, mangiavano e praticamente vivevano tutti in quella stanza, con un unico letto condiviso. Inizialmente imbarazzati, Andrea ed Erika rimasero sulla soglia del minuscolo appartamento, ma poi, spinti dall'estrema gentilezza e cordialità della madre di quella famiglia, si accomodarono sul letto, aspettando di assaporare uno di quei proverbiali tè *made in Sri Lanka*. Quasi immediatamente l'imbarazzo sparì e la voglia di fare foto da parte di Erika – che nella vita è una fotoreporter – riemerse. Tra risate, facce buffe, ritratti e profumo di tè nero, passarono un paio d'ore piacevoli e divertenti. Arrivati ai saluti la donna si avvicinò ai due forestieri e in un inglese approssimativo chiese loro di avere le foto scattate da Erika ai suoi figli, per poter colorare le spoglie mura della sua casetta con quei bei visetti. Stupiti dalla richiesta – in realtà si aspettavano chiedesse soldi – Andrea ed Erika promisero alla donna di farle avere gli scatti. Successivamente, durante il proseguimento del viaggio, capirono che sarebbe stato molto difficile fare recapitare le foto in quella località, considerata la scarsa affidabilità del servizio postale singalese. Tornati in Italia con quella promessa sulle spalle, cercarono di trovare il modo di spedire quel plico di foto. Antonio, grande amico dei due, ascoltò la loro storia e rimase profondamente sorpreso dal fatto che Andrea ed Erika stessero cercando il modo di far arrivare le foto proprio in Sri Lanka, dove lui stesso stava organizzando il suo viaggio successivo. L'idea scattò più veloce di un fulmine nella sua testa. Avrebbe portato lui il piccolo regalo a quella meravigliosa famiglia. Tre mesi dopo Antonio era ad Habarana a consegnare le foto. Fece dei video della consegna in modo da poter regalare ad Andrea ed Erika l'emozione che anche lui, semplice messaggero, stava vivendo.

Da qui l'idea di Take me back: organizzare piccole consegne tra viaggiatori e portare conforto e beni di sostentamento dove ce n'è bisogno, facendoci riscoprire la bellezza primordiale della solidarietà e rendendola contagiosa. Inizialmente si organizzarono piccole consegne coordinando viaggiatori che volevano mandare qualcosa in posti dove erano stati durante un loro itinerario con altri viaggiatori che erano in partenza per gli stessi luoghi. Successivamente si cominciarono a organizzare vere e proprie raccolte di fondi online per finanziare missioni più importanti, concentrandosi sull'aiuto ai bambini soprattutto nel campo dell'istruzione, che purtroppo non è un diritto inalienabile in tutti i Paesi del mondo.

La struttura è semplice:

1- Richiesta d'aiuto. Si gira un video ai bambini di una scuola i quali chiedono materiale scolastico per continuare gli studi.
2- Raccolta fondi. Si organizza un finanziamento collettivo online per raccogliere il denaro necessario ad acquistare il materiale.
3- Consegna. Ci si reca sul posto, si acquista tutto il materiale e lo si consegna nelle mani dei bambini, riprendendo ogni passaggio con un video.

Con queste tre fasi Take me back ha semplificato e reso trasparente il suo modo di fare beneficenza, unendo il viaggio alla solidarietà e facendo nascere una nuova e importante figura all'interno del progetto, il "Corriere Solidale", un viaggiatore che durante il proprio itinerario trasporta e consegna un dono a qualcuno che ne ha bisogno. Un moderno giramondo che scopre che donare qualcosa è il miglior modo per ricevere, arricchendo il proprio viaggio con l'emozionante esperienza della solidarietà.

Le richieste di missioni non si sono fatte attendere. La prima in un remoto villaggio chiamato Tung Na Noi nel nord della Thailandia, dove Take me Back ha aiutato trecentotrenta bambini regalando loro un kit scolastico composto da quaderni, penne, colori, righelli, gomme, matite, scarpe e calze per affrontare l'anno scolastico. In quella missione Antonio e Andrea hanno capito l'importanza di coinvolgere le persone del posto, acquistando la merce direttamente da loro per favorire l'economia locale ma anche facendole collaborare concretamente all'organizzazione della missione. In quell'occasione scoprirono l'esistenza di due parole meravigliose: *nam jai*, che non hanno una vera e propria traduzione in italiano. Forse perché lo spirito che vi si cela dietro si è un po' perso in Occidente. *Nam* significa "acqua" e *jai* "cuore". Letteralmente, "acqua del cuore". Due parole che descrivono il sentimento di generosità che nasce in un individuo quando si sacrifica per aiutare un amico o uno straniero bisognoso di accoglienza. Detto altrimenti si tratta del provare gioia nel sacrificarsi per qualcuno che ne ha bisogno. Il nam jai si attiva nelle persone quando vengono coinvolte in progetti che hanno un valore più elevato, qualcosa che va al di sopra di se stessi, come per esempio aiutare dei bambini.

Sulla scia di quell'importante rivelazione Andrea e Antonio organizzarono la missione successiva in Sri Lanka, dove tutto era iniziato, ma questa volta con l'obiettivo di trasmettere e contagiare più persone possibile con la solidarietà. Come? Girando un film sulla missione. Così si fecero accompagnare in Sri Lanka da Marco Napoli, un regista di origini italiane che lavora da tempo a New York, il quale colse subito la profonda bellezza del messaggio dei Corrieri Solidali. In Sri Lanka Take me back ha aiutato duecentoventi bambini, regalando loro zaini con all'interno il classico kit da studente con l'aggiunta di un paio di scarpe e una divisa scolastica. Durante il loro percorso Marco ha sapientemente girato un docufilm che dimostra che l'unione nella diversità è possibile e passa attraverso la risposta alla chiamata della vera natura umana, una natura fatta di condivisione e solidarietà tra esseri umani. Il titolo del docufilm è "Serendip". Una scelta per niente casuale, che cela dietro un'altra storia meravigliosa. Durante la raccolta fondi per la missione in Sri Lanka, Andrea fu contattato da una maestra d'asilo, Martina, che gli comunicò di voler effettuare una donazione per la missione a nome dei bambini dell'asilo "Serendipity - International Bilingual Preschool". Quei bimbi, con i loro lavoretti natalizi poi venduti a parenti e amici, avevano raccolto una somma che volevano donare in beneficenza, scegliendo Take me back come tramite. Andrea, emozionato all'idea di una donazione fatta da bambini per altri bambini, accettò con enorme entusiasmo. Prima di partire per la missione, preso dalla curiosità per l'etimologia della parola *serendipity*, fece una ricerca. Quello che scoprì lo sbalordì: *serendipity* è la fortuna di trovare una cosa non cercata e imprevista mentre se ne sta cercando un'altra. Ma la cosa più straordinaria è che *serendipity* ha come radice Serendip, nientemeno che l'antico nome persiano dello Sri Lanka, una combinazione che è impossibile considerare casuale.

Andrea e Antonio lanciano un appello: risvegliate in voi la solidarietà, diventate Corrieri Solidali! E sul loro sito www.takemeback.eu spiegano come arricchire il proprio viaggio, la propria vita con un'esperienza unica, diventando Corrieri Solidali.

“Caso è forse lo pseudonimo di Dio quando non voleva firmare.”

Anatole France

Andrea Mariani appassionato di lettura, scrittura e viaggi, nel 2016 fonda con Antonio Di Leonardo il progetto Take me back, con l’obiettivo di risvegliare la bellezza primordiale della solidarietà nell’essere umano. Nel 2017 produce il docufilm “Serendip” (di Marco Napoli) girato durante la loro missione di beneficenza in Sri Lanka.

Apertura di cuore

di Andrea Pietrangeli

"...il pensiero, l'emozione, la parola e l'azione. Quattro bacchette magiche che creano senza sosta la nostra realtà."

"Il male è sempre al servizio del bene in questo sistema duale, in questo pianeta-scuola."

Il mio incontro con la trasmissione Tutto il bello che c'è è stato soprattutto l'incontro con Silvia Vaccarezza e Marina Bertozzi. In quel periodo stavo andando a piedi da Roma a Milano sulla Via Francigena, un'esperienza bellissima che mi ha messo in contatto con la splendida natura italiana, ma anche con me stesso in un modo che solo un cammino così solitario può offrire.

L'occasione era quella della presentazione a tappe on the road del mio libro *InCarnAzione* (romanzo dell'anima), un racconto che parte da Sirio, la stella in cui esiste l'Università dell'incarnazione, una scuola dove le anime vengono preparate alla forza di gravità e alla finta pesantezza del pianeta Terra, all'esperienza temporanea che serve solo a sciogliere alcuni nodi per andare verso le diverse vibrazioni di altri pianeti nell'universo infinito. Questa rilettura in chiave "leggera" della vita e delle sue sfide era piaciuta molto a Silvia che mi è venuta a trovare con una troupe intorno alla zona di Parma. Siamo subito entrati in sintonia. Forse perché esiste un linguaggio comune che travalica tutte le barriere linguistiche e internazionali. Si chiama "apertura di cuore" - non mi piace chiamarlo "amore" perché è una parola che nasconde mille trabocchetti interpretativi e infatti in nome dell'amore si verificano episodi non sempre amorevoli. Ma non divaghiamo. Oppure sì. Quando ho cercato informazioni sulla trasmissione è uscito fuori un altro nome di cui non ero a conoscenza (in verità per anni ho usato il televisore solo per stendere i panni; quello a schermo piatto è perfetto). Non conoscendo i VIP e i grandi nomi dello schermo, dalle mie ricerche sul (sacrosanto) Google è emerso il nome di Maria Grazia Capulli, coideatrice della trasmissione insieme a Silvia. Persona intelligente e sensibile Maria Grazia, che ha lasciato il proprio corpo nel 2015, pronta per nuove avventure nelle galassie. Sì perché secondo me la morte non è proprio niente di brutto. Già da piccolo mi chiedevo che cosa avessero da piangere e urlare tanto ai funerali molti dei miei parenti - ne ho sempre avuti tantissimi, una famiglia numerosa che mi ha spesso avvicinato alla malattia e alla morte aiutandomi oggi a comprendere quanto sia importante tutta quella parte che l'essere umano scansa per paura infondata.

Da quello che leggo su di lei, Maria Grazia aveva un occhio speciale per il disagio e nei confronti degli ultimi. Sensibilità che ho ritrovato in Silvia e nella trasmissione che prosegue con passione e successo da anni. Avere a che fare con la morte di solito, e se non si è troppo spaventati, apre nuovi canali di percezione. Silvia e io abbiamo cominciato subito a raccontarci le nostre esperienze personali e siamo diventati amici. Quel tipo di amici con i quali ti vedi una volta e ti riconnetti subito a tutto il vissuto passato e contemporaneamente a un eterno presente in cui la bellezza è viversi senza schemi predefiniti, aperti, con la sorpresa di aggiungere tasselli del proprio percorso grazie ai racconti dell'altro. Sì perché quando queste anime s'incontrano in realtà in quel momento si ricompone e si integra un'unica grande anima. Non contano i ruoli o quello che stai facendo in quel momento, conta lo scambio e lo stupore, la sorpresa dell'"accorgersi". Accorgersi di tutto il bello che c'è intorno. A volte con soli due occhi non riusciamo a cogliere le molteplici sfumature di un episodio. Siamo abituati a vedere le cose solo dal nostro punto di vista, ma quell'episodio ha mille interpretazioni nella sua perfezione. Gli schermi possono essere definiti quel grande unico occhio che offre un unico punto di vista (di solito punta sull'indignazione che è lo sport nazionale preferito, dopo il calcio). Attraverso commenti, opinioni, montaggi ad hoc l'occhio freddo e implacabile delle telecamere esige sempre e solo la tua attenzione. Un grande schermo che pretende di fare "informazione" ma che in realtà mette tutti "in formazione", tutti in riga. Dall'informazione il passo verso l'uniformazione è davvero breve e considerato che siamo su questo Pianeta per esprimere il capolavoro unico che siamo, diventa chiaro che lo strapotere degli schermi è un grande alleato con cui confrontarsi per ritrovare la propria unica verità. Questa trasmissione ci offre un occhio diverso, una diversa lettura degli eventi. Non punta sul dolore ma sulla sua risoluzione. Tutto il bello che c'è è una sfida già nel titolo. Chi è ancora un povero zombie incollato allo schermo come fosse la verità suprema – ho parecchi zii e zie che si fanno questo tipo di flebo – è abituato a percepire solo una realtà di dolore, forse solo perché per pigra abitudine non si sforza di cercare dentro di sé una verità più profonda, ma si ferma alla superficie dei fatti, alle news, ai telegiornali, alle catastrofi, ai drammi, al terrorismo. No! Tutto questo si può capovolgere senza combatterlo. Le battaglie servono solo a cambiamenti di poco conto. L'impegno vero è andare a cercare il lato oscuro delle cose e comprendere che è sempre un servo del lato chiaro. Il male è sempre al servizio del bene in questo sistema duale, in questo pianeta-scuola. Per comprenderlo basta fare un semplice esempio: sto andando al lavoro e trovo una gomma della mia auto a terra. Posso scegliere tra arrabbiarmi oppure pensare che da lì a dieci minuti avrei fatto un frontale con un camion. Ecco, la realtà è questa: un continuo spostamento di interpretazioni tendente all'equilibrio nel momento presente. Per imparare questa lezione (siamo tutti studenti), c'è bisogno di molte prove e ripetizioni continue. Gli indiani lo chiamano karma, e per me è la misura di quanto dolore hai bisogno per capire che sei sempre tu a farti del male e per iniziare a darti da fare per cambiare. Insomma, basta soltanto spostare lo sguardo di poco per accorgersi di come le stesse cose viste da un punto di vista differente assumano un significato completamente diverso. Ecco che la trasmissione di Rai 2 ha questo scopo fondamentale: offrici un punto di vista diverso. Ovviamente deve affrontare alcune difficoltà: in uno strapotere di dolore, parlare di bellezza richiede coraggio, anche perché spesso le persone, quando sono incatenate, si infuriano se si sfiora la loro catena. Tutto il bello che c'è s'ispira alla fisica quantistica che oggi ci ricorda molto semplicemente che "l'energia va dove va la tua attenzione". Ecco perché gli schermi vogliono la tua considerazione. Siamo tutti esseri molto potenti grazie alla nostra attenzione-energia. Ogni giorno creiamo la nostra realtà. Ogni giorno scegliamo come usare le quattro energie che abbiamo a disposizione e che sono il veicolo tra l'idea e la sua realizzazione: il pensiero, l'emozione, la parola e l'azione. Quattro bacchette magiche che creano senza sosta la nostra realtà. Ecco perché diventa importante imparare a volersi bene iniziando a sistemare ciò che ancora non ci fa sentire padroni di queste quattro energie, quattro armi potentissime. Uso la parola arma perché è la radice, l'etimologia che preferisco della parola "anima". Incredibile, vero? Che una parola così eterea come anima in fondo significhi anche proprio arma, cioè un qualcosa di potente che può addirittura uccidere. Secondo me l'anima in realtà è proprio l'unione di queste quattro energie che ci permettono di connetterci allo spirito o alla materia a seconda di come le usiamo. Quindi bisogna fare attenzione, che etimologicamente significa "rivolgere l'animo". Con pensieri, emozioni, parole e azioni, che sono la nostra anima energetica, possiamo anche uccidere. Chi? Ovviamente solo noi stessi. Siamo sempre soli, dall'utero alla bara anche se tendiamo a dimenticarlo spesso ed è così da sempre. Se da sempre esistono la morte e il dolore un motivo ci sarà, no? Ognuno è libero di darsi le risposte che vuole, il gioco per ognuno è differente, oppure rischia di essere omologato alle regole di qualcun altro apparentemente molto potente. Ma i potenti, si sa, hanno un potere solo temporale che di solito è collegato al possesso, perciò vanno compresi, non imitati.

Charlie Chaplin diceva che quando c'è amore non serve il potere. Sono completamente d'accordo, infatti io ora vivo tranquillamente sull'isola di Fuerteventura a contatto con gli elementi in una realtà più naturale, amorevole e dignitosa per l'essere umano. Il coraggio richiede di lasciare il possesso (tanto prima o poi perdi tutto), altrimenti rimani invischiato, sei attaccabile da tanti punti di vista diversi. Sei molto fragile quando sei avvinghiato al possesso perché non usi la tua forza, anzi la filtri e la soffochi attraverso gli attaccamenti, i "legami" (altra parola chiave per comprendere cosa lasciar andare per ricontattare il proprio spirito libero e turista dell'universo). Questi e mille altri discorsi sono stati il combustibile delle chiacchierate tra me e Silvia che si sono ripetute numerose dopo il nostro primo appuntamento. La semplicità che ci accomuna si rinnova ogni volta perché lei è un vero animo sensibile, già salva perché, come dice Sgarbi noto provocatore televisivo, è dedita alla bellezza.

Grazie Silvia di essere come sei.

“Non aver mai paura di uno scontro. Anche quando i pianeti collidono, dal caos nasce una stella.”

Charlie Chaplin

Andrea Pietrangeli è artista multiforme, esploratore materiale e ricercatore spirituale. All’attivo quattro libri, tre documentari e centinaia di canzoni. Ha avuto padrini come Battiato, Jodorowsky e Corona, tenendo lezioni all’Università La Sapienza di Roma e un intervento a Montecitorio.

Per ritrovarmi ho dovuto perdermi

di Gianpietro Ghidini

"Ho sentito la sua energia, la sua forza vitale e avevo chiaro cosa fare: indirizzare la mia energia nella giusta direzione, dedicando la mia vita ai giovani."

"Sono stanca di vivere. Quando dico di essere stanca di vivere sono seria. Mi 'piace' molto di più dire che sono stanca di vivere piuttosto che dire di voler morire. La voglia di morire è una conseguenza, nient'altro. Io voglio morire poiché sono stanca di vivere. Ma poi, su, ammettiamolo, io non so neanche che cosa voglia dire vivere. In sedici anni non l'ho ancora scoperto. Mi sento come se voi, un bel giorno, abbiate deciso di avere una bambina, l'abbiate messa al mondo e fine. Come se fossi una bomboniera messa lì su uno scaffale. Mi sento come se la mia vita non fosse davvero mia. Come quando giocavo con Anna con le Barbie e decidevamo di aggiungere anche il papà alla storia; lui c'era fisicamente ma era come se non ci fosse perché nessuno lo animava. Ecco io mi sento inanimata. Io non sto vivendo questa vita: sto sopravvivendo. Non ha senso continuare con questo senso di vuoto, con questo inappagamento, con questa infelicità.

[...] La vita non è né un dono né appartiene a Dio. La vita è mia e io decido per me, circa la vita e la morte. Spero anche che non ci sia la reincarnazione, perché io un'altra vita non voglio averla. E il senso di nullità? Non c'è niente di peggio, ma solo finché non si raggiunge la consapevolezza di essere il nulla. La consapevolezza che, ammesso che io viva, tra dieci, venti o trent'anni non sarò niente, non sarò fiera della mia vita e non sarò fiera di me stessa.

Il punto è che, nella vita, vorrei davvero trovare una persona che mi faccia sentire libera, orgogliosa, viva. Una persona che non deve amarmi per forza, ma che mi faccia credere che qualcosa di bello esiste anche per me, che la vita non è poi così brutta e che il mare in tempesta lo amano anche i marinai. Voglio una persona che per un giorno, un'ora o due secondi mi faccia pensare al fatto che se sono qui è perché anch'io ho un motivo per vivere. È chiedere troppo?

Mi accontento di poco, io. Mi basterebbe anche una persona triste quanto me che mi faccia sentire compresa. Perché, penso, alla vita si sopravvive solo quando si ha qualcuno che ci ama e ci capisce. Amore e comprensione come colonne portanti della vita. Magari le mie sono crollate per un disastro e forse un giorno qualcuno verrà a ripararle."

"Sono una ragazza che ha assistito alla vostra "presentazione" e solo ieri ho scritto questo messaggio a mia madre. Volevo solo ringraziarla per tutto. Quando nel messaggio dico di avere bisogno di qualcuno che mi smuova anche solo per un'ora, sono seria.

Oggi ho trovato un motivo, una ragione, la spiegazione per cui ieri non ho inviato questo messaggio a mia madre.

Quella ragione siete voi. Ho capito, in sole due ore, che togliersi la vita non è la soluzione. Ho capito che continuare a lottare serve, che mollare è inutile. Vi ammiro molto. Sembrerà una cosa cattiva da dire o da pensare, ma credo che la morte di Ema vi abbia aiutati a crescere.

Anzi, vi abbia riportato agli ideali stupendi che avevate da bambini e questa è una cosa meravigliosa. Magari non siete riusciti a salvare vostro figlio, e mi dispiace da morire per questo, ma avete salvato me e chissà quante altre persone. E vorrei davvero che i miei capissero che tutti gli anni di psicoanalisi non sono serviti a niente rispetto a questo incontro con voi e la vostra storia. Posso confermare di essere felice, oggi, e non lo ero da tempo. Ho tantissimi problemi e non sto qui a elencarli ma, sempre grazie a voi, oggi ho ripreso a mangiare e ne sono entusiasta. Avrei tanto voluto abbracciarvi oggi, ma ero troppo timida e insicura per farlo. Spero che, se ritornerete, sarò cresciuta al punto tale da non vergognarmi di me stessa. Grazie per avermi salvata."

Quella mattina di fine autunno, mentre osservavo le foglie diventare dorate, riflettevo su quanto lo stesso paesaggio appaia diverso ai nostri occhi solo con il cambiare della luce e delle stagioni.

La natura è rassicurante nel suo ripetersi, ma noi siamo diversi, non siamo obbligati a seguire il ciclo degli avvenimenti.

Decidiamo noi di vivere la vita scegliendo di nutrire di più e meglio il lupo bianco o il lupo nero, le due facce degli opposti sempre pronte a prevalere l'una sull'altra.

Durante la mia carriera di manager avevo dato più da mangiare al mio lupo nero, affannato nella ricerca del successo personale, lasciando sullo sfondo del mio palcoscenico la parte più autentica, la mia famiglia, gli affetti insostituibili e mio figlio Emanuele.

Persino quel pomeriggio, quello del nostro ultimo incontro, in cui lo avevo visto diverso. Nessun abbraccio, il suo sguardo più sfuggente.

"Dobbiamo parlare presto noi due" gli avevo detto, ma poi le lancette dell'orologio mi avevano ricordato che stavo facendo tardi. Il tempo è l'inganno potente di chi corre sempre. Tardi per che cosa? Il lavoro, il dovere?

Adesso lo so, stavo facendo tardi con lui.

Solo che sarebbe stato per sempre, perché dopo poche ore Emanuele avrebbe perso la vita gettandosi nel fiume vicino a casa, dopo aver assunto droghe a una festa.

Per anni avevo fatto in modo che alla mia famiglia non mancasse nulla, mi ero lasciato travolgere dall'idea illusoria che più avessi avuto più loro sarebbero stati bene, protetti e felici, con tante belle cose, ma non con il mio tempo.

La strada che avevo percorso a testa bassa era cosparsa di tranelli e buche al cui centro avevo immaginato un cartello con un titolo: la "buca del rischio", la "buca della corsa verso il potere", la "buca della perdita dei valori" e la "buca del fallimento", che evitavo zigzagando come un campione di supergigante.

All'inizio del 2000 ero nel pieno della mia gratificazione personale, amministratore e socio di numerose società, alcune quotate in borsa, e non intendevo mettere freno alla mia corsa.

A noi che abitiamo nella parte del mondo più fortunata, può accadere di rimanere impigliati come pesci nelle reti dei pescatori, incastrati nella routine quotidiana che dà la sensazione di essere qualcuno, di esistere, lavorare, adempiere agli obblighi, divertirsi, festeggiare, dimostrare agli altri di essere persone felici e di successo.

A volte diventiamo schiavi del nostro ruolo e delle aspettative che gli altri ripongono in noi e non riusciamo più a liberarcene, salvo quando arriva l'imprevisto: una perdita economica, problemi di salute o la morte di una persona cara. È in quei momenti che abbiamo l'opportunità di allungare un po' il collo fuori dal guscio e vedere oltre o fermarci per cambiare, accettando con dignità gli eventi negativi e soprattutto trovare un modo per gestirli. In alternativa, possiamo scegliere di lamentarci, cercando un colpevole delle nostre disgrazie.

Dopo aver perso mio figlio, ho sentito in modo nitido che avevo sbagliato alcune mie scelte e già il riconoscere gli errori, in quel momento fu indispensabile per non perdermi.

Se nei primi tempi mi salvò la rabbia, la voglia di reagire anche di fronte a chi mi voleva dare l'ultima stoccata finale, come fossi stato un toro ferito nell'arena, nel tempo ho compreso che non sei sconfitto finché non perdi te stesso e a volte bisogna proprio rischiare di perdersi per ritrovarsi.

A differenza degli animali, noi umani prendiamo presto consapevolezza del più grande dolore: la certezza della nostra morte futura.

Ma è un errore pensare che quello sia il dolore più grande, perché esistono sofferenze che possono superare la dimensione della nostra vita e se riusciamo a sopravvivere a esse, persino la paura della nostra morte scompare.

Una di queste è il dolore per la perdita di un figlio.

Sopravvivere ai figli è contro natura, una cosa inaccettabile, troppo dolorosa da metabolizzare e capire.

Dovevo fare i conti con il senso di colpa e la paura di non essere stato abbastanza presente. Sentivo il petto schiacciato come da un macigno che soffocava il mio respiro e allora con la morte di mio figlio nel cuore e la morte della mia vita sulle spalle curve, mi trovai a un bivio: farmi schiacciare per sempre dal dolore, rinunciando a vivere, cavalcando l'odio, il rancore e l'oblio che già erano affiorati, oppure provare a fare un salto quantico, cioè allargare la dimensione della mia vita oltre la grandezza del dolore.

Esiste dentro di noi, nella nostra anima, una traccia segnata a fuoco che possiamo decidere di seguire con passo incerto all'inizio, ma costante. I passi sul sentiero più oscuro e più doloroso della nostra interiorità potranno aiutarci a diventare persone migliori, farci comprendere cose che prima non saremmo neanche riusciti a immaginare, come la possibilità di accettare con serenità anche la nostra morte e non temerla più, considerandola parte del nostro cammino.

Soprattutto quei passi potranno dare significato a tutto il percorso della nostra vita, se cercheremo di rialzarci con fiducia.

E mentre sprofondavo in un tunnel buio, proprio mio figlio Emanuele mi tirava in superficie, lui e l'amore che provavamo l'uno per l'altro.

Tante altre volte mi ero sentito vittima di eventi sfortunati che mi sembrava capitassero tutti a me e mi ero sempre dato da fare, cercando di prepararmi, prima con lo studio e poi lavorando duramente.

Avevo incontrato l'amore e formato una famiglia cercando di far filare tutto per il verso giusto. Quante volte mi ero chiesto perché la vita dopo avermi dato molto, poi mi avesse tolto tutto senza sconti: perdita delle persone più care, dissesti economici, difficoltà, denigrazioni e umiliazioni.

Ma solo dopo la perdita di mio figlio ho iniziato a trovare le risposte alle domande più difficili.

Più che trovarle mi sono state chiare all'improvviso, perché ho capito che le conoscevo già ed erano solo offuscate dalla frenesia della vita che mi ero imposto di vivere.

Ho compreso che nella vita è molto più importante rialzarsi da ogni caduta piuttosto che non cadere mai.

Con le ginocchia sbucciate e le mani conficcate nella terra per non scivolare più giù, s'impara a credere che volare si può, mentre vivere per difendere la tua misera sicurezza ti farà sempre avere paura di spiccare il volo.

"L'uomo è lo scolaro, il dolore è il suo maestro" diceva Gandhi ed Emanuele sarebbe diventato il mio maestro, quella luce che mi avrebbe fatto capire che possiamo sopravvivere a qualsiasi dolore e che la vera forza sta nel riuscire a trasformarlo nel nostro insegnante di vita, accogliendolo con dignità e amore.

Alcune filosofie di vita parlano di trasformare “il veleno in medicina”. Questo processo inizia quando si decide di accogliere invece di negare la sofferenza fino a farla diventare l’esperienza più preziosa, l’unica opportunità per riflettere su se stessi, cambiare profondamente e soprattutto per sviluppare coraggio e compassione.

Riconoscere gli errori e cambiare passo.

Se non avevo potuto rimediare a ciò che era accaduto, avrei potuto trasformare tutto quel dolore in occasione.

L’occasione per crescere, sviluppare la mia umanità, chiedere scusa a chi ha subìto gli effetti di quell’errore. Non solo. Salvare altri giovani, se non avevo potuto salvare te.

Dopo due giorni dalla sua morte, ho sognato di immergermi nell’acqua per cercare Emanuele. Scendevo sempre più giù in quel fiume, trattenevo il respiro ma non lo trovavo.

Non resistendo più stavo per rinunciare, ma ho insistito, sono sceso ancora un pochino e l’ho visto. Era nudo, rannicchiato sul fondo ed emanava una luce radiosa.

In un ultimo estremo sforzo l’ho raggiunto e dopo averlo tirato fuori dall’acqua mi sono svegliato. Sentivo in me un’energia inspiegabile, come se lui fosse entrato dentro di me. Ho sentito la sua energia, la sua forza vitale riempirmi il cuore. Non avevo più paura e avevo chiaro che cosa fare.

Avrei dovuto indirizzare la mia energia nella giusta direzione, dedicando la mia vita ai giovani.

Vedevo chiare le scene di ciò che sarebbe accaduto in futuro: parlare davanti a tanti giovani nelle scuole, nei teatri, nelle piazze, in qualunque luogo. E quel giorno nacque il PesciolinoRosso, un’associazione creata per i giovani e per i loro genitori.

E a ognuno dei millequattrocento incontri che ho tenuto in cinque anni, sono accaduti quelli che io chiamo “i piccoli miracoli di Emanuele”: genitori e figli che si abbracciano, ragazzi che mi sussurrano all’orecchio “Mi hai salvato la vita” oppure “Ho capito che non voglio perdermi in una vita vuota.”

Togliendomi le due paure più grandi di un uomo, quella della morte e quella del giudizio degli altri, mio figlio ha fatto sì che nemmeno le critiche e i giudizi mi fermassero.

Grazie a Emanuele ho compreso che avrei potuto tornare a essere quel ragazzo che aveva un grande sogno: dare un proprio contributo per cambiare in meglio questo mondo malato.

"

"Un sogno che fai da solo rimane solo un sogno. Un sogno fatto insieme agli altri diventa realtà."

John Lennon

"

Gianpietro Ghidini è sposato con tre figli. Amministratore delegato di numerose società. Dopo la scomparsa del figlio sedicenne Emanuele (24 novembre 2013), ha creato la Fondazione "Ema Pesciolinorosso" e ha tenuto oltre 1.200 testimonianze in quattro anni. Ha scritto in proprio o come coautore diversi libri, tra cui il best seller *Lasciami volare*. Papà Gianpietro è stato insignito di numerosi premi per la sua attività nel sociale.

Connessi ad alte frequenze

di Monica Tomasi

"Tutti i grandi maestri dell'Umanità hanno detto:
'Sintonizzatevi sulle alte frequenze, sulla fiducia,
sull'amore, sulla speranza, sul rispetto
e attirerete questi campi e ve ne nutrirete.'"

"

"Focalizzarsi sul Bello significa nutrire la nostra anima
di frequenze di guarigione profonda."

Ho sempre sentito, dentro di me, quanto siano importanti i pensieri, le parole e le emozioni.

Ho osservato, negli anni, che pochi insegnamenti sono dedicati a questo tema.

La medicina, per esempio, ha compiuto progressi straordinari nel campo dell'igiene fisica. Grazie a scienziati illuminati i progressi nella medicina sono stati notevoli a livello del benessere fisico. L'aspettativa di vita è raddoppiata dall'inizio del secolo e ogni dieci anni aumenta di tre anni. L'Italia è al terzo posto nel mondo per longevità.

E l'igiene emozionale e mentale?

Riecheggiano nella mia mente le parole del vangelo secondo Marco 7,14 quando Cristo, chiamata la folla, dice: "Ascoltatemi tutti e intendete bene: non c'è nulla fuori dell'uomo che entrando in lui possa contaminarlo; sono invece le cose che escono dall'uomo a contaminarlo. Dal cuore dell'uomo escono le intenzioni cattive e lo contaminano."

Le parole di papa Francesco, oggi, sono allineate e anche gli scritti del Dalai Lama in cui questi invita a considerare le emozioni inferiori, come la vergogna, il senso di colpa, l'apatia, la paura, il giudizio, la critica, la lamentela, la rabbia, come pericolosi patogeni che contaminano l'anima umana.

Gradualmente ho scelto di evitare i telegiornali perché sentivo che erano focalizzati sulle frequenze basse, sulle emozioni inferiori che possiamo immaginare come nuvole nere che isolano il nostro corpo.

Per avere energia per "vivere" bisogna smettere di energizzare le emozioni inferiori, la rabbia, la collera, la tristezza, la paura, il senso di colpa, essere in grado di educare il sentimento, le emozioni, evitare di farsi travolgere da essi e di cadere nelle trappole emozionali.

Le emozioni superiori sono per noi come l'acqua è per i pesci.

Coltivavo un sogno: che tutti trovassero il coraggio di focalizzarsi su "tutto il bello che c'è", diffondere e portare il bello nelle relazioni, nei paesaggi, nella nostra meravigliosa Italia, isola della rugiada divina.

Mi risuonano ancora le parole della mia saggia mamma Pia che quando ero in gravidanza mi diceva: "Monica guarda il bello, nutriti di bellezza."

L'incontro con Silvia Vaccarezza è stato molto importante. Ci conosciamo in realtà fin da bambine, ma poi per circa vent'anni ci siamo perse di vista.

Ci siamo rincontrate a Folgarida durante il Premio di Giornalismo ed è stata condivisione totale, sintonia totale di idee, pensieri e sogni. È stato come ritrovare un pezzo della mia anima, un ricongiungersi di anime.

Così quando lei ha condiviso con me l'idea sua e di Maria Grazia Capulli di un telegiornale delle belle notizie mi è sembrata la concretizzazione del sogno.

Tutti i grandi maestri dell'umanità hanno detto: "Sintonizzatevi sulle alte frequenze, sulla fiducia, sull'amore, sulla speranza, sul rispetto e attirerete questi campi e ve ne nutrirete."

Sì, perché sono proprio campi di energia ad agire come attrattori di energie elevate e noi con il nostro libero arbitrio possiamo scegliere, con coraggio, di nutrire e di farci nutrire per il nostro benessere fisico, emozionale e mentale.

È molto importante comprendere che siamo tutti collegati da una fitta rete di interconnessioni e così ogni miglioramento apportato al nostro mondo interiore individuale migliora il mondo nella sua globalità e di conseguenza qualunque miglioramento apportiamo al mondo esteriore migliora anche noi stessi.

L'imbruttimento esteriore precede sempre l'abbrutimento interiore.

La conoscenza ci aiuta a comprendere tutto questo: la vera conoscenza è amore, unione, integrazione e l'obiettivo della conoscenza è riattivare le forze presenti nel bambino interiore, che sono dentro di noi, ricoperte da un po' di polvere. Queste forze sono quattro:

La Fiducia che ci mette in relazione con la saggia Armonia del mondo; la fiducia in tutto ciò che il futuro ci porta.

La Bellezza che è l'armonia delle forme: noi siamo toccati dalla bellezza. L'anima nasce nella bellezza e ne ha bisogno per vivere.

La Meraviglia che è il prerequisito di ogni conoscenza e risveglia la gratitudine.

L'Innocenza che è lasciare che il mondo parli da sé, sospendendo ogni giudizio.

Focalizzarsi sul Bello significa nutrire la nostra anima di frequenze di guarigione profonda.

Acquisire la facoltà della positività consiste nel cercare ciò che vi è di buono, di eccellente, di bello in tutte le esperienze, le entità, le cose, ed è diverso dal chiudere gli occhi al falso, al mediocre.

Questa qualità dell'anima è descritta nel modo migliore da una leggenda persiana su Cristo secondo la quale mentre questi era in cammino con i suoi apostoli, vide sul ciglio della strada un cane morto, in avanzato stato di decomposizione. Tutti i discepoli distolsero lo sguardo e solo Cristo si fermò e parlò con ammirazione dei bei denti bianchi dell'animale.

Chi ammira i bei denti vede anche il corpo in decomposizione, ma questo non gl'impedisce di vedere i bei denti bianchi.

Bisogna evitare che il male impedisca di vedere il bene, che l'errore impedisca di scoprire la verità.

Il male è un allontanamento dalla triade Verità, Bontà, Bellezza, reso possibile da una mancanza di consapevolezza, di maturità, di volontà.

La fisica c'insegna che l'energia va dove noi posiamo la nostra attenzione ed è importante in questo momento storico avere il coraggio di posare l'attenzione su ciò che vi è di buono, di eccellente, di bello.

L'astensione dalla critica ne è la conseguenza. Siamo tutti consapevoli che quando giudichiamo, critichiamo, ci lamentiamo spegniamo delle scintille di luce dentro di noi e le spegniamo anche in chi critichiamo.

Spegnere le scintille di luce - energia pura - dentro di noi e negli altri ha come conseguenza anche lo spegnimento delle scintille di luce, energia pura, della nostra Terra, significa alimentare il campo delle guerre, delle malattie e dell'insuccesso.

Il Bello, Il Bene e il Vero agiscono in modo potente come guaritori del corpo fisico, energetico ed emozionale e sono strumenti straordinari per il benessere sociale.

La trasmissione Tutto il bello che c'è, dal mio punto di vista, è terapeutica ed emana un influsso risanatore.

Parlare e ascoltare sono come "fecondare" e "concepire".

Ho un sogno: che la televisione con Tutto il bello che c'è possa iniziare a fecondare gli esseri umani in modo che questi concepiscano un nuovo livello di consapevolezza.

Grazie di cuore, cara Silvia, e un abbraccio di cuore a te, cara Maria Grazia, che ci sei vicina amorevolmente anche se invisibile.

"Non si volta chi a stella è fisso."

Leonardo da Vinci

Monica Tomasi farmacista, omeopata, ricercatrice. La sua ricerca è rivolta all'esplorazione e alla scoperta dei confini tra il visibile e l'invisibile, con il metodo scientifico spirituale. Ha approfondito i fiori di Bach, la medicina quantistica informazionale e integrata e la bioenergetica. Ha concluso il corso di formazione in medicina antroposofica. Tutto questo le ha permesso di elaborare una visione della consapevolezza a 360 gradi. Sportiva, maestra di sci, coinvolta nel sociale, è vicesindaco e assessore alla cultura del comune di Dimaro Folgarida. Insegna bioenergetica, psicosomatica, fiori di Bach, Meridiani e Mtc presso l'Accademia di Naturopatia Raggio di Sole.

Zia Caterina e il suo taxi fatato

di Silva Bos

"...non si può e non si deve rimanere fermi. L'esperienza personale deve farsi generosamente esperienza per l'altro, per aiutarlo a trovare punti d'appoggio durante i terremoti della vita."

Portare gioia, condividendo con amore le sofferenze dell'anima, così che il cuore ne sia alleggerito: questo, da diciassette anni a Firenze, è il mio progetto di vita. Trasportare gratuitamente, sul mio magico taxi Milano25, giovani malati oncologici all'ospedale pediatrico Mayer per le terapie o dovunque desiderino andare pur di regalare loro un sogno. Perché è solo così che trovo conforto nell'abissale vuoto lasciato da Stefano, l'uomo della mia vita che, morto di tumore a soli 39 anni, voleva che io continuassi la sua attività, secondo lui la più bella del mondo. E io lo feci, straziata dal dolore, con in eredità il suo taxi e il suo immenso amore. Dovevo trovare riscatto da quell'assurda perdita trasformandola, perché no, in amore, come lui era stato nella mia esistenza. In una me stessa devastata fu l'inizio di un profondo percorso interiore alla ricerca di risposte alle mie mille domande.

Da quel giorno ogni bambino che sale sulla mia auto è un inno alla vita. Perché loro sono eroi, i miei supereroi, quelli che negli anni ho disegnato su tutta la carrozzeria della mia auto così come su tutta la tappezzeria interna. Quelli che hanno vinto la guerra contro la malattia, ma anche giovani che hanno comunque provato e combattuto fino all'ultimo. Sono tutti supereroi e perciò, come i fumetti, non moriranno mai.

Certo però che nel mio taxi c'è davvero tanta roba: giochi, pendagli, trombette, cuscini, palloncini: ovunque colori e suoni quasi a stordirti. E ogni oggetto ha un nome perché è appartenuto a una storia, in uno scambio di affetto e ricordi.

E del mio abbigliamento ne vogliamo parlare? Vestiti sgargianti, mantelli e collane a più non posso, bracciali, campanelli e spille, senza dimenticare calze e scarpe variopinte, insieme a enormi cappelli stravaganti, a tesa larga e decorati da decine di fiori.

Avete presente una Mary Poppins dei nostri giorni? Ecco, quella sono io.

Sono folle sopra le righe.

Perché sopra le righe e non omologata penso debba essere vissuta questa nostra vita terrena in cui aneliamo, probabilmente senza saperlo, a quella serenità che qui non sta, che è altrove, in qualche posto in cui prima o poi andremo e dove già penso ci stiano aspettando i nostri affetti (da qualche parte dovranno pur essere andati).

Da quel giorno vado raccontando la mia esperienza di luce anche in Tv, spiegando che in noi e per gli altri può fiorire qualcosa di grandioso e inaspettato (qualcuno la chiama "resilienza").

Anche la giornalista Silvia Vaccarezza anni fa mi invitò alla trasmissione di Rai 2 Sì Viaggiare, che mi permise di raccontarmi e raccontare la bellezza di SuperSabry facendo emozionare il grande pubblico. Un atteggiamento dei media del quale sono entusiasta perché è sintomo di una volontà sempre più forte di raccontare belle storie.

Anche proprio grazie a quell'apparizione, nel gennaio 2018 il magazine di informazione positiva, "Karamellenews - Buone Notizie da NON Scartare", mi volle intervistare scegliendomi poi per insignirmi del Premio bontà Karamellenews.it

La targa mi venne consegnata sul palco del teatro del Casinò di Sanremo, proprio a chiusura del musical benefico Seasons on Love in ricordo di Alessio Ceresola, il ventitreenne di Arma di Taggia (IM) che nel 2015 morì a Firenze per un tumore osseo.

Alessio era uno dei miei tanti ragazzi supereroi. Il soggiorno nella Riviera dei fiori fu così l'occasione per rivedere la sua famiglia.

Stavolta però, complice l'empatia e la profonda sensibilità della giornalista e direttrice di Karamellenews, Silva Bos che con noi visse fianco a fianco la due giorni facendo da incredibile collante, il pianto si sciolse in leggerezza. Il nostro parlare insieme di quel dolore lancinante fu come condividerne il tormento, semplicemente come ognuno di noi, con il proprio vissuto, ha imparato a fare.

Fu un abbandonarsi gli uni agli altri, svuotandoci ognuno del proprio fardello per poi riempirci di un nuovo arcobaleno. Rivedere quella famiglia, di cui avevo vissuto il doloroso percorso, e scoprire la straordinaria amicizia e affinità con Silva mi ha permesso di scoprire potenzialità e motivazioni formidabili dalle quali partire per un'alleanza forte, sincera e progettuale da qui negli anni a venire.

Sì perché non si può e non si deve rimanere fermi. L'esperienza personale deve farsi generosamente esperienza per l'altro, per aiutarlo a trovare punti d'appoggio durante i terremoti della vita.

Così io intendo l'amore, anche se non so spiegarlo bene. So viverlo, quello sì. So abbracciare, ascoltare, far volare la fantasia e i sogni. Perché ogni istante va vissuto con intensità, totalità. Dev'essere motivante, ti deve riempire l'anima e i polmoni.

Tosta come lezione di vita, vero? Soprattutto se, come me, si tratta di una rivoluzione a tutto tondo perché personalmente c'è un prima e un dopo.

Perché proprio quando con lui avevo finalmente compreso il vero senso della vita, il destino spariglìò le carte in tavola, rivoluzionando in corso d'opera le regole del gioco. Un gioco in cui alcune volte si vince e altre volte si perde chi ci è stato caro e forse se n'è andato troppo presto.

Allora l'unico antidoto che abbiamo contro la morte è la vita oltre la vita, è reagire alla dipartita facendo vivere attraverso il pensiero. Continuiamo a ricordare i nostri affetti, parliamone, respiriamo gli odori che loro hanno respirato, nutriamoci dei luoghi e degli attimi che sappiamo anche loro hanno vissuto, impariamo a sentirli dentro di noi in ogni attimo, anche se a volte fa male.

Sarà così che loro continueranno a vivere e noi avremo trovato già gran parte delle risposte.

"Nella misura in cui l'amore cresce in te, cresce anche la tua bellezza, perché l'amore è la bellezza dell'anima."

Sant'Agostino

Silva Bos giornalista. Di spiccata sensibilità umana e foundress di progetti d'Informazione Positiva, incline alla sfera sociale che sente coinvolgerla nel privato ancor prima che nella professione. "Naturalmente" life coach. Nel suo bagaglio: testate di carta stampata e online, conduzioni televisive e radiofoniche. È direttore Responsabile del Magazine "Karamellenews.it - Buone Notizie da NON Scartare".

Quando siete felici, fateci caso

di Maria Cristina Maselli

"Cara Maria Grazia,
quel giorno nacque la nostra amicizia
che coltivammo nel tempo condividendo esperienze,
confidenze e parole. In me avevi trovato un'amica
che comprendeva i tuoi limiti veniali e assecondava
in pieno le tue piccole follie."

"Ripenso spesso alla frase di Kurt Vonnegut
che tanto amavi: "Quando siete felici, fateci caso."

Era una fresca serata d'ottobre del 1999. L'estate aveva definitivamente lasciato spazio all'autunno striando il cielo di nuvole scure. L'indomani avrei dovuto sostenere un esame all'università, ma per nessun motivo al mondo avrei declinato l'invito di Alberto Sordi. Ero incredula che "l'Albertone nazionale" si fosse ricordato dell'anonima studentessa della LUMSA che lo aveva intervistato un mese prima. L'occasione era una mostra che la Scuola Nazionale di Cinema aveva organizzato al Palazzo delle Esposizioni, dando così ufficialmente il via agli eventi che avrebbero fatto da preludio all'ottantesimo compleanno del grande attore. L'ampio salone era gremito di gente. Detestando il mio passo incerto sui tacchi, con determinazione riuscii a farmi strada fra la folla fino a raggiungere Sordi. L'attore mi guardò con occhi sorridenti, mi fece una carezza e poi m'invitò a prendere posto a uno dei tavoli rotondi, bianchi di fiandra, dove sarebbe stata servita la cena. Non appena riconquistai una visione d'insieme del salone, puntai a un tavolo poco affollato e mi sedetti.

"È libero questo posto? Vorrei sedermi qui perché non vi conosco e queste occasioni servono anche per fare nuove amicizie" esordì sorridendo una giovane donna dagli occhi azzurro cielo.

Ci presentammo anche se io sapevo perfettamente chi fosse. Si trattava di Maria Grazia Capulli, la brava giornalista che spesso conduceva il Tg2 delle 13. La sommersi di domande inerenti al suo iter professionale, le proposi di tenere una conferenza nella mia università, le parlai di me e di come fossi arrivata a frequentare Scienze della Comunicazione a Roma, dopo quattro anni di Farmacia a Bologna, la mia città. Mi riconobbi in lei. Apprezzai le sue movenze aggraziate e la dolcezza nell'esprimersi, la sua semplicità, la sua ironia pungente e mai banale.

"Purtroppo devo andare, domani mattina ho un esame" comunicai rammaricata ai miei commensali assai prima della mezzanotte.

"Vengo con te. Sono molto stanca anch'io" disse Maria Grazia offrendosi di riaccompagnarmi a casa.

Cara Maria Grazia, quel giorno nacque la nostra amicizia che coltivammo nel tempo condividendo esperienze, confidenze e parole. Quando potevi mi portavi con te come fossi una sorella minore. La tua generosità era naturale, non richiedeva alcun tipo di sforzo o congettura. In me avevi trovato un'amica che comprendeva i tuoi limiti veniali e assecondava in pieno le tue piccole follie. Ricordo un interminabile viaggio Roma-Acireale fatto su un treno "bassa velocità" che meglio si conciliava con la tua claustrofobia e una gita Roma-Castellaneta-Roma in meno di 24 ore per non mancare al Premio Rodolfo Valentino e tantomeno alla conduzione delle 13 dell'indomani. Ne abbiamo combinate tante insieme, sempre con il sorriso e con un libro in mano. Perché entrambe eravamo voraci lettrici e ci divertivamo a disquisire di libri e scrittori. Insieme andammo al Festival della Letteratura di Mantova, al Salone del Libro di Torino e al Ninfeo di Villa Giulia, dove conducesti la serata finale di un'edizione del Premio Strega.

"Il vero successo sarebbe tornare qui come autrice di un bel libro" ribattevi a chi si complimentava con te per l'elegante presentazione.

Intanto leggevi, leggevi moltissimo, riempiendo i libri di sottolineature, disegni e appunti negli spazi non scritti. Strappavi fogli di giornale, ritagliando diligentemente gli articoli più interessanti. Erano tutti spunti per il libro che sognavi di scrivere e che non scrivesti mai per mancanza di tempo. Perché intanto al Tg2 con le colleghe più care, quelle con cui condividevi amicizia e passioni, avevi creato anche una rubrica di libri e una di buone notizie, perché sostenevi che al pubblico andava offerto un antidoto efficace per digerire i mali del mondo. Parlavi con grande entusiasmo delle tue creature e non hai mai smesso di farlo anche quando la salute ha iniziato a destare serie preoccupazioni. Nel frattempo io avevo intrapreso un'avventura di cui andavi particolarmente fiera e orgogliosa: avevo iniziato a scrivere una storia che era entrata prepotentemente nella mia vita, stravolgendone tutti gli schemi. Si trattava della storia d'amore potente e vera vissuta nel Quattrocento da Sigismondo Pandolfo Malatesta e Isotta degli Atti.

M'incoraggiasti a proseguire, come se nella realizzazione del mio sogno, ci fosse anche la tua realizzazione personale. Come sempre mi prendesti per mano desiderando il mio bene e il mio successo. Mi presentasti un serio agente letterario e fu così che cambiasti il corso della mia vita. L'ultima volta che ti vidi era una fredda e buia giornata d'ottobre. Erano trascorsi sedici anni esatti dal nostro primo incontro e il cerchio della nostra splendida amicizia stava drammaticamente per chiudersi.

"Mi sa che non leggerò mai il tuo bel libro" dicesti guardandomi con il tuo sguardo intenso e buono.

Ti pregai di non canzonarmi per la mia lentezza, mi rifiutai di capire, abbracciai la tua magrezza e piangendo me ne andai.

Oggi il nostro romanzo è in libreria e se la gente può appassionarsi alla storia d'amore di Sigismondo e Isotta è anche grazie a te

Ripenso spesso alla frase di Kurt Vonnegut che tanto amavi: "Quando siete felici, fateci caso." La nostra amicizia è stata costellata di momenti felici e il dolore ancora oggi così presente e vivo testimonia che ci avevo fatto parecchio caso.

“Amico mio, accanto a te non ho nulla di cui scusarmi, nulla da cui difendermi, nulla da dimostrare: trovo la pace... Al di là delle mie parole maldestre tu riesci a vedere in me semplicemente l’uomo.”

Antoine de Saint-Exupéry

Maria Cristina Maselli, bolognese, si laurea a Roma in Scienze della Comunicazione e poi inizia a lavorare in RAI, scrivendo testi per importanti programmi giornalistici e d’intrattenimento. Nel 2018 ha esordito nella narrativa, pubblicando il romanzo *Sigismondo e Isotta*.

ESSERE al di là del FARE

di Luca Tomarelli

"Con me, lei dovrà spostare la sua mente
dal 'fare' all''essere'."

"Le chiedo di non mettere in dubbio chi è lei e che cosa rappresenta per gli altri. Non cada in questo errore. La malattia ha cambiato momentaneamente la sua fisicità e per recuperare lei sta già facendo molto. La malattia non può e non deve cambiare il suo essere."

Stefano è dinamico, sportivo, pieno di iniziative e idee che con caparbietà è sempre riuscito a concretizzare con soddisfazione.

Negli anni ha superato gli ostacoli della vita tra molte difficoltà. Più che ostacoli, potrei dire veri e propri grattacieli da classifica del *Guinness dei primati* per intenderci.

Ogni volta però, a sua insaputa, ha lasciato sul campo un pezzetto del suo sistema immunitario.

Scalando l'ultimo, il suo sistema nervoso è andato in cortocircuito. ZZZZZZZZ.

La psicologa accoglie Stefano nello studiolo mansardato del centro di riabilitazione in via del Tamburo. Si fa raccontare. Presta attenzione con le orecchie, gli occhi e tutto il corpo. Chi di voi ha mai provato a raccontarsi di punto in bianco a uno sconosciuto? Già parlare di sé è tecnicamente ed emotivamente piuttosto impegnativo, figuriamoci se poi si ha davanti una persona mai vista prima. Ma da questo deriva il beneficio, perché l'interlocutore è un professionista dei processi mentali.

"Stefano, grazie per avermi dato il suo racconto" dice la dottoressa Tafner. "Dovremo lavorare molto, ma lo faremo insieme. Lei mi ha raccontato tutto su ciò che faceva e come lo faceva prima della malattia e mi ha spiegato che ora, a causa della sua mobilità ridotta, non può più fare quelle cose. Qui nel nostro centro ogni giorno siamo a contatto con malati gravissimi e irreversibili. Lei non è arrivato ancora a quello stadio, per fortuna. Dovremo lavorare insieme bene e con impegno. Con me, lei dovrà spostare la sua mente dal 'fare' all''essere'."

Stefano è un testone. Percorre sempre in bicicletta il tragitto da casa all'ospedale Santa Maria. Lo fa sistematicamente sia per le visite neurologiche, sia per le risonanze magnetiche che non sopporta proprio e ultimamente anche nei giorni di terapia per l'infusione del farmaco immunosoppressivo.

"Per oggi abbiamo finito, viene a prenderla qualcuno?". "No, sono in bici." "Come? Lei è pazzo." "Guardi non si preoccupi, ho scalato i passi dolomitici in bici, vuole che non riesca a tornare a casa da qui?".

È molto difficile separare il fare dall'essere come chiede la Tafner.

Stefano prova a ripetierselo come un mantra. Ma è quotidianamente messo alla prova anche dal piccolo gradino di casa o dalla pavimentazione del centro storico disseminata di irregolari cubetti di porfido. Vere e proprie trappole! "Cavolo, questa strada sembra un altro grattacielo da scalare."

Siede su una panchina per riposarsi, a volte da solo a volte vicino a persone che non conosce.

Persone che raccontano di apparizioni di madonne o di ricordi della guerra.

Si abbandona in acqua galleggiando senza peso e respirando profondamente, guarda il cielo e le nuvole come mai aveva fatto in passato. Inspira, trattieni, espira. Inspira, trattieni, espira. Sente i polmoni che si gonfiano e sgonfiano come una spugna alla ricerca di quella particolare condizione dell'essere. È difficile, ma con l'esercizio quotidiano è possibile staccarsi dal fare almeno per dieci minuti al giorno.

"Come va Stefano?" chiede la dottoressa Tafner.

Stefano trova sempre le parole giuste per descrivere la situazione, elencando sia le sensazioni positive sia ciò che invece non funziona e a volte peggiora. Con estrema cura riesce ora a inquadrare la difficoltà nel fare che è direttamente correlata all'essere.

"Per favore Stefano. Le chiedo di non mettere in dubbio chi è lei e che cosa rappresenta per gli altri. Non cada in questo errore. La malattia ha cambiato momentaneamente la sua fisicità e per recuperare lei sta già facendo molto. La malattia non può e non deve cambiare il suo essere.

È chiaro?".

Non sappiamo come andrà a finire la storia di Stefano. E non sapremo come andranno a finire tutte le storie delle persone che lottano oggi contro la malattia, qualunque essa sia.

Una luce di speranza deve però rimanere sempre accesa. Anche quella di chi, lasciandoci nella malattia, ci ha indicato la via dell'essere nel fare.

“Eppure gli uomini vanno ad ammirare le vette dei monti, le onde enormi del mare, le correnti amplissime dei fiumi, la circonferenza dell’oceano, le orbite degli astri, mentre trascurano se stessi.”

Sant’Agostino

Luca Tomarelli è nato e cresciuto a Milano. Dopo una lunga esperienza lavorativa in Africa e Medio Oriente, dal 1998 risiede in Trentino dove sviluppa una forte esperienza per le destinazioni turistiche e gli eventi sportivi. Dal 2016 è autore di nuovi programmi per la RAI.

Le farfalle della gratitudine

di Assunta Corbo

“... il mio sogno più autentico era un altro: volevo essere di ispirazione, volevo raccontare alle persone che potevano essere felici e che il mondo è un luogo straordinario in cui vivere.
Desideravo che le parole scritte da me fossero motivo di riflessione e contribuissero a costruire qualcosa nella vita della gente.”

“Ho imparato, con il tempo, che quel segnale – le farfalle svolazzanti nello stomaco – porta in sé un messaggio forte e chiaro: procedi, è la tua strada.”

Ricordo quel giorno con chiarezza. Qualcosa stava avvenendo in me, un cambiamento che avrei compreso solo alcuni mesi dopo. Il mio lavoro di giornalista in giro per il mondo a collezionare storie sembrava soddisfarmi ma quel giorno di novembre del 2012 cominciavo ad aprire gli occhi e ad accorgermi che non era così. Avevo sì realizzato il mio sogno di diventare giornalista ma non mi ero resa conto, fino ad allora, che il mio sogno più autentico era un altro: volevo essere d'ispirazione, volevo raccontare alle persone che potevano essere felici e che il mondo è un luogo straordinario in cui vivere. Desideravo che le parole scritte da me fossero motivo di riflessione e contribuissero a costruire qualcosa nella vita della gente. Non appena ho realizzato questo aspetto del mio sogno di bambina ho sentito le farfalle nello stomaco, quelle che senti quando l'emozione è forte e sai che stai andando verso qualcosa di ancora più grande di te. In quel momento non sapevo ancora dove sarei andata. Non sapevo nemmeno come mi sarei mossa e se sarei arrivata a quel "qualcosa di più grande di me".

Ho imparato, con il tempo, che quel segnale – le farfalle svolazzanti nello stomaco – porta in sé un messaggio forte e chiaro: procedi, è la tua strada.

E così è andata. Ho scelto di procedere. Ho ripreso in mano la mia vita e mi sono concessa un periodo importante di riflessione. Ho fatto un patto di autoconsapevolezza con me stessa. Un momento di grande profondità che mi ha fatto tremare le gambe.

Una mattina mi sono svegliata con la certezza di dover fare qualcosa. Mi sono lasciata guidare da quella sensazione e ho preso due fogli bianchi e una penna. Mi sono seduta sul divano, nel silenzio del mio appartamento e ho cominciato a scrivere "Quello che funziona" su un foglio e "Quello che non funziona" sull'altro.

La mano si muoveva sui fogli senza accennare a fermarsi. Un flusso di pensieri, immagini, sensazioni riaffiorava parola dopo parola. Il tempo correva con loro. Mi sono fermata solo dopo due ore di scrittura. Ho alzato lo sguardo verso la finestra per poi riportarlo sugli elenchi che avevo completato. È stato quello l'attimo in cui ho sentito salire l'inquietudine e la paura. Non stavo percorrendo la mia strada. Non stavo vivendo la vita professionale che desideravo. Qualche lacrima sul volto accompagnava le mie mani frettolose mentre piegavo i due fogli e li nascondevo tra due volumi della libreria. Io li stavo rifiutando ma loro avevano già generato un flusso di cambiamento. Per alcune settimane sono passata dalla paura alla frustrazione, dall'inquietudine alla delusione, dal rammarico alla rabbia. Poi il tempo è intervenuto come lui solo sa fare. La mia mente si è acquietata, il cuore ha ripreso il suo ritmo, il sorriso è tornato sul mio volto. Senza accorgermi le giornate sono trascorse senza badare a me, a quel giorno, a quei fogli nascosti che avevo quasi dimenticato.

Era autunno. Poi è arrivata la primavera e con lei il piacere di concedermi delle passeggiate nella natura vicino a casa.

Quel nuovo giorno, camminavo sotto il sole caldo e gentile di aprile. Intorno a me la natura dolce e danzante al ritmo del vento. A un tratto del mio cammino, una forza dentro di me mi ha imposto di fermarmi. Ho allargato le braccia, alzato il volto al cielo, chiuso gli occhi e mi sono lasciata avvolgere dai raggi del sole. Una sensazione potente. Così profonda da smuovere ogni mia cellula del corpo. Un flusso di energia vitale straordinario: il sole caldo sulla mia pelle. "Grazie" ho sentito dire alla mia voce, ma a pronunciare quella parola erano stati la mia anima e il mio corpo all'unisono. Tutto di me in quel momento vibrava. Le farfalle nello stomaco erano tornate a danzare. Pochi secondi mi sono parsi giorni. Ho riaperto gli occhi, abbassato le braccia e sono rientrata a casa. Nella mente un unico pensiero: riprendere quei due elenchi scritti qualche mese prima. Li ho trovati lì dove li avevo riposti. Le farfalle continuavano a danzare mentre ridavo vita a quelle pagine. Sullo stesso divano ho tenuto davanti a me i miei due elenchi: "Quello che funziona" e "Quello che non funziona". Tutto sembrava come un tempo ma non lo era. Riconoscevo la mia scrittura ma non le emozioni. La mia percezione era completamente cambiata. Solo allora – dopo tutto quel tempo – mi sono resa conto che le cose che non funzionavano nella mia vita erano molte meno rispetto a quelle che funzionavano. Non vivevo più quella paura mista a dolore. Ero felice, grata. Per la prima volta nella mia vita stavo comprendendo il valore della gratitudine profonda e autentica, quella che ti consente di modificare la prospettiva delle cose. Avevo uno sguardo nuovo.

Riconosco quello come il momento in cui ho incontrato la gratitudine e ne ho scoperto lo straordinario potere. Quello è stato il momento in cui ho preso in mano la mia vita per davvero. Ho visto la mia forza rappresentata dalle cose che funzionavano e che mi parlavano di sogni realizzati, di relazioni speciali, di traguardi raggiunti, di pura bellezza e valore nella mia vita. Mi sono nutrita di quella forza e con quello sguardo rinnovato ho guardato la lista delle cose che non funzionavano mettendomi subito al lavoro per sistemarle. Siamo noi gli unici a poter intervenire nella nostra vita. Nessuno può farlo per noi. Quella lista, nei mesi successivi, si è svuotata e ciò che vi era scritto è passato nella lista opposta, quella ricca di bellezza.

Poi si è riempita ancora, si è svuotata e riempita in una danza straordinaria dettata dalla mia stessa esistenza.

La gratitudine ha trasformato il mio atteggiamento ispirandomi a vivere con la certezza che la vita accade ma che il modo in cui rispondiamo è fondamentale per la nostra stessa felicità. La profondità della mia trasformazione mi ha spinta a una scelta: diffondere attraverso un percorso di scrittura la forza della gratitudine. Ogni essere umano merita di conoscere questa opportunità che allena alla felicità autentica, profonda e orientata a ciò che siamo e abbiamo in questo preciso istante della nostra vita.

È quando riconosciamo questa forza presente dentro di noi che possiamo davvero pensare di costruire un futuro migliore.

Quel periodo della mia vita coincide con la scelta di cambiare il mio percorso professionale e dedicarmi alla scrittura rivolta alle persone, perché diventino consapevoli della bellezza che c'è nella loro vita. È cominciato così: da una lista che aveva suscitato dolore e paura prima di trasformarsi in uno scrigno magico e prezioso che ha trovato la sua massima espressione nel mio primo libro *Dire, Fare... Ringraziare*.

La vita è straordinaria se sappiamo coglierne le sfumature.

"La gratitudine è il paradiso di per se stessa."

Rumi

Assunta Corbo è giornalista. Studia il potere della gratitudine per riconoscere la propria felicità in ogni ambito della vita. Ispira le persone a ritrovare connessione attraverso i valori umani. È autrice del libro *Dire, Fare... Ringraziare* - www.assuntacorbo.com

Sfilate d'amore

del team di Francesco The S-Hope

"Ci sono indumenti che ci raccontano, perché ci hanno accompagnato per molto tempo e hanno rappresentato il nostro modo di presentarci al mondo."

Inverno 2016. "Che cosa possiamo fare come giovani per sostenere la casa famiglia Caritas? In Caritas vengono donati anche abiti eleganti, d'alta moda, che non sono adatti alle persone che ci chiedono aiuto." Queste le riflessioni che accompagnavano alcuni di noi già da un po' di tempo, poi l'intuizione: "Perché non creiamo un negozio online in cui vendiamo abiti e accessori, per donare il ricavato in beneficenza?". Da qui inizia la vita di Francesco, per esattezza "Francesco The S-Hope", un negozio online di abiti e accessori di seconda mano donati da noi stessi o da altre persone, al fine di sostenere le realtà di accoglienza locale. Il nome del progetto è ispirato alla figura di san Francesco d'Assisi, il quale si spogliò dei suoi abiti costosi per donarli ai poveri, più il gioco di parole in lingua inglese tra *shop*, ossia negozio, e *hope*, cioè speranza.

Ci è sembrata una cosa nuova, una risposta concreta alla crisi e un modo diverso di usare Facebook, Instagram, eBay. Alla base del progetto c'è l'idea della "rinascita" e del "dono". Abbiamo imparato dalla casa famiglia che le vite possono cambiare: quando sembra di essere arrivati si può invece anche ripartire. Tutti abbiamo qualcosa da donare, basta un piccolo gesto, basta essere capaci di condividere ciò che per noi è in più, così da dare una nuova vita ai nostri capi, già belli, ma che possono diventare anche molto utili. Vorremmo provare a rendere bello nel profondo ciò che era bello solo in superficie, dare una dimensione di profondità alla moda.

Ci siamo incontrati per studiare, capire, fare tutto il necessario per aprire un negozio online. Abbiamo messo a disposizione i nostri abiti e ci siamo sfidati con la comunicazione e con i processi di vendita.

Alcune di noi sono state coraggiose e si sono rese disponibili a metterci la faccia: normali studentesse che si sono fatte fotografare diventando le nostre modelle. Nessuna di loro aveva mai posato per foto pubblicitarie, per cui apparire disinvolte e a proprio agio non è stato affatto banale. Per le foto abbiamo scelto luoghi del nostro territorio, depositari di una bellezza nascosta o da ritrovare. Ci siamo ritrovati a scattare in una fabbrica abbandonata, nel laboratorio di una pasticceria, a muoverci come una carovana tra i ponti di Venezia o in un mercato di paese, divertendoci e suscitando la curiosità di chi ci vedeva alle prese con un set fotografico improvvisato.

Abbiamo passato serate intere a verificare gli abiti donati, a catalogarli, a studiare come un completo anni Cinquanta si potesse rivedere in uno stile attuale e di tendenza.

La nostra prima vendita è stata una borsa in Australia. La soddisfazione di un acquisto vero è stata incredibile, era il segno che il progetto stava diventando concreto e poteva funzionare. A poco a poco le persone ci hanno conosciuto, hanno iniziato a donare i loro capi, a seguire la nostra pagina, ad apprezzare quello che stavamo realizzando. È capitato anche che i clienti avessero scoperto solo dopo che il ricavato andava a sostegno di un progetto di beneficenza. Piacevolmente sorpresi, sono rimasti in contatto con noi. Crediamo che possa essere davvero affascinante "vestirsi di aiuti reciproci": chi compra da Francesco The S-Hope non indosserà un piumino, un abito, una scarpa, ma sfoggerà la solidarietà.

TESTIMONIANZA DI UN CAPO DONATO

Donare questo capo non è stato semplice, perché questo soprabito è molto più di indumento, è parte della mia storia. Ci sono indumenti che ci raccontano, perché ci hanno accompagnato per molto tempo e hanno rappresentato il nostro modo di presentarci al mondo. Questo trench mi ha accompagnato in un'età particolare, anni in cui ero alla ricerca di un senso più profondo della vita, in cui quello che vivevo non mi bastava più, anni in cui passavo dall'essere adolescente a essere donna. Quel capo vistoso, eccentrico, mi ha accompagnata, è stato la mia identità per farmi notare, per essere protagonista delle scene. Non è stato facile separarmene e l'ho fatto solo perché Francesco The S-Hope è un progetto nobile, innovativo e geniale che mi ha permesso di dare ancora più valore a una cosa per me di grande valore. Immaginare che quel capo a me così caro, ora serve ad aiutare i poveri mi fa sperare che abbia veramente trovato il suo reale valore. Per me non ci sarebbe una cifra idonea a cui venderlo proprio perché ha in sé una parte di me. Separarmene è stato difficile ma anche importante perché mi ha fatto riflettere che se avesse avuto una vita, tenendolo chiuso nell'armadio per puro egoismo l'avrei sacrificato. Nessuno può togliermi i ricordi perché non sono legati al possesso fisico dell'oggetto, che anzi così va a concludere il suo ciclo in un modo più nobile: aiutando chi ha bisogno.

I NOSTRI SOGNI

Siamo convinti che Francesco The S-Hope possa essere una strada nuova verso il consumo consapevole. Non vogliamo fermarci qui, ma diventare un mezzo per sostenere altri progetti d'aiuto. Al momento siamo al lavoro per realizzare un portale tutto nostro con il quale svolgere l'attività di vendita di capi, di informazione e sensibilizzazione attraverso i temi fondanti del progetto. Il portale si chiamerà "Clothest": superlativo assoluto di abiti - che si potrebbe tradurre con "vestitissimi" -, per dire al mondo che vestirsi ha una funzione importante per tutti. Il vestito esprime infatti la dignità nelle diverse culture. Il superlativo assoluto potenzia l'atto del vestirsi, lo porta fuori dall'ambito del consumo e lo rende altro, solidale, un gesto di amicizia, fratellanza, inclusione. In futuro ci piacerebbe coinvolgere clienti e acquirenti o persone interessate a una partecipazione sempre più attiva, che facciano da testimonial, svolgano attività di raccolta capi, aiutino nelle consegne degli abiti, si mettano in contatto con altre realtà per creare iniziative, testimoniare che con gli scarti si può sempre fare qualcosa di bello.

“Il valore di una persona risiede in ciò che è capace di dare e non in ciò che è capace di prendere.”

Albert Einstein

Lo staff di Francesco The S-Hope è composto da venti ragazzi della zona tra Arezzo e Firenze, tra i 18 e i 30 anni, per la maggior parte studenti universitari. Sono uniti dalla voglia di fare qualcosa di concreto e innovativo per aiutare chi è meno fortunato mettendo a disposizione le proprie passioni, le proprie conoscenze e sposandole fra loro.

Senza punti di riferimento

di Maria Luisa Natale

"C'era lei. Lei davanti a me che non era in grado di aggiungere altro. Si era persa. Ero sbigottita e affascinata. Pareva che l'urgenza di ritrovare la sua casa fosse solo mia, che fortemente sentivo di volerla aiutare. Ebbi l'impressione che per Ester – così mi aveva detto di chiamarsi – la propria casa fosse in se stessa...".

Era sera. Lavavo i piatti e parlavo al telefono, tenendo lo smartphone appoggiato all'orecchio sinistro, fra la testa un po' piegata e la spalla un po' alzata. Non so esattamente quello che accadde. Forse qualcosa mi distrasse e allentai la tensione del collo dolente. Il Samsung scivolò via e con un tuffo sordo s'inabissò nell'acqua saponata. Lo recuperai immediatamente dal fondo del lavello, lo asciugai con un panno da cucina e provai a riaccenderlo. Niente: buio e silenzio. Lo aprii e con l'asciugacapelli soffiai sulla batteria, sulla tastiera, sul display. Assemblai di nuovo i pezzi e ritentai ripetendo questo mantra: "Ti prego funziona. Ti prego funziona. Non mi puoi abbandonare così." Nessun segno di vita. Il telefono intelligente giaceva morto sul tavolo della cucina e io lo guardavo vivendo nel giro di alcuni minuti, emozioni che andavano sfumandosi l'una nell'altra. Ero attonita, spaventata, disorientata. In quel piccolo apparecchio di plastica e di chissà cos'altro c'era tutto. Tutto? Tutto no, ma tanto sì. Recapiti, messaggi, foto, video, mail, password, possibilità di connessione internet. Quel telefono era diventato importante come un paio di occhiali da vista. Averlo sempre con me mi faceva sentire più sicura e in compagnia. Per raggiungere una via sconosciuta mi lasciavo guidare dalla voce estranea del navigatore. Se ero annoiata o inquieta, lo prendevo fra le mani con la speranza di trovare qualcosa: un sms, un WhatsApp, una richiesta di amicizia. Se non trovavo nulla potevo sempre studiare il meteo o l'oroscopo, o navigare alla ricerca di notizie incoraggianti, di una ricetta, del titolo di un libro, del significato di una parola, della traduzione in inglese di un'altra. Vivo da sola, senza linea telefonica fissa e in quel momento, seduta nel silenzio della mia cucina, con i gomiti appoggiati sul tavolo e la testa fra le mani, fissavo con risentimento l'apparecchio traditore che ora mi emarginava da tutto e da tutti. Non potevo avvertire nessuno e chiunque mi avesse cercato si sarebbe preoccupato. Misi in carica un vecchio cellulare e con quello mi fu possibile avvisare mia madre.

Trascorsi una notte agitata. La mattina dopo riprovai ad accendere lo smartphone, ma niente da fare. Nonostante cercassi di rimanere calma, continuavo a percepire un profondo disagio a me stessa inspiegabile, perché mi rendevo conto che quanto accaduto era rimediabile e non meritava quel nervosismo. Andai a lavorare. Sono un'insegnante e ogni mattina all'entrata devo firmare il registro elettronico. Chiesi a una collega la cortesia di prestarmi il suo tablet, sul quale ovviamente non era memorizzata la mia password e naturalmente io non la ricordavo. Odio le parole "Password", "Pin", "Codice utente", "Username". Rendono schiavi di numeri, lettere, segni da memorizzare, da annotare sull'agenda, ma anche da cancellare per poi riscriverne altri, perché per sicurezza, devi cambiarli. Sono chiavi necessarie quasi come quelle di casa e dell'auto, indispensabili per accedere al conto corrente bancario, per utilizzare il bancomat, per entrare nella casella di posta elettronica. Con riluttanza la segretaria della scuola mi diede retta e dopo po' riuscii a impadronirmi della password per firmare le ore di presenza. Quella mattina fu un disastro: senza il mio smartphone non ero nelle condizioni di assegnare valutazioni alle verifiche degli alunni, né di accendere la lavagna luminosa e la fotocopiatrice. Mi mancavano tutte le password.

Nel primo pomeriggio, sull'orlo di una crisi di nervi, mi recai al negozio dove solo pochi mesi prima avevo acquistato il Samsung Android. Un giovane commesso iniziò a interrogarmi a una velocità per me insostenibile: "Il problema?". "Non si accende" risposi. "Che cos'è successo?". "Mi è scivolato nell'acqua." "Signora ha fatto il backup?". "Scusi?" feci io. "Il backup, il salvataggio dei dati" spiegò il ragazzo da dietro il bancone senza neanche guardarmi, perché nel frattempo si stava occupando anche di altro. Mi dava le spalle per fotocopiare documenti. Senza attendere risposte si girò di scatto, mi tolse dalle mani lo smartphone e lo infilò in una bustina di plastica trasparente, sulla quale attaccò un'etichetta con il mio nome e poi in fretta mi liquidò: "Lo manderemo all'assistenza, ma non abbia troppe speranze. Le consiglio di comprarsene uno nuovo." Incerta, per qualche istante rimasi con lo sguardo incollato sulla bustina di plastica con il mio nome. Mi sentii triste, arresa, frastornata. E ora che cosa faccio? Da questo qui che parla senza respirare non voglio comprare proprio niente. Uscii dal negozio: avevo bisogno di una boccata d'aria. Mentre tentavo di dare forma a un programma per affrontare la situazione, la mia attenzione fu attirata dalla figura esile di un'anziana signora. Mi colpì perché appariva così leggera da sembrare quasi avulsa dalla realtà, come se esistesse sì, ma in una dimensione diversa. Mosse pochi passi in una direzione poi girò lentamente su se stessa e fece dietrofront. Pensai che forse aspettava qualcuno o cercava qualcosa. Teneva lo sguardo all'insù, verso le facciate dei palazzi. Per quanto mi imponessi di farmi i fatti miei, era come se una forza magnetica mi spingesse verso quella piccola donna con i capelli bianchi, dall'aria così familiare, così domestica, così pulita e ordinata. Mi avvicinai. "Signora, ha bisogno di aiuto?" chiesi. Lei mi rivolse un sorriso quasi di scuse: "Mi sono persa" disse con calma, come fosse abituata alla cosa. I suoi occhi di un celeste limpido come il cielo in una mattina di luce rendevano ancora più chiara la carnagione del volto, che non era pallida e nemmeno avvizzita, nonostante i segni dell'età. Piccola di statura, esile, era vestita in maniera semplice ma dignitosa: una gonna grigia dal taglio dritto fin sotto il ginocchio con sopra un golfino blu. Anche le scarpe di pelle con poco tacco erano blu. Notai che non aveva con sé né borsetta né buste della spesa. C'era lei. Lei davanti a me che non era in grado di aggiungere altro. Si era persa. Ero sbigottita e affascinata. Pareva che l'urgenza di ritrovare la sua casa fosse solo mia, che fortemente sentivo di volerla aiutare. Ebbi l'impressione che per Ester – così mi aveva detto di chiamarsi – la propria casa fosse in se stessa e sarà stato forse per questo che anch'io mi sentii rallentata, senza fretta. Ci mettemmo sedute su un muretto e piano piano venni a sapere che la signora Ester viveva con la figlia e con il genero, che però erano partiti per andare a una festa di battesimo. "Mia figlia non lo deve sapere che mi sono persa" disse picchiettandosi la punta del naso con l'indice pregandomi di non raccontare niente. "Mi ha tanto raccomandato di non uscire, ma io mi annoiavo e così ho voluto fare una passeggiata" aggiunse. Le chiesi il nome della via in cui abitava. Rimase in silenzio scuotendo lievemente la testa per poi fissarmi con i suoi occhi di cielo sperduti, nei quali improvvisamente lessi un guizzo furbetto. "Le chiavi di casa le ho prese!" esclamò estraendole dalla tasca della gonna. Anch'io sorrisi dicendole: "Bene! E allora siamo a buon punto. Dobbiamo solo trovare la casa. Crede di aver camminato tanto?". "No, non tanto. Il tempo è passato perché mi sono persa, non perché mi sono allontanata. La casa non dovrebbe essere distante" rispose. Con la sua voce pacata spiegò che secondo lei le cose cambiano velocemente e che è difficile riconoscerle. Cambiano le cose e cambiamo anche noi che le guardiamo. Così mi pare che disse, ma senza rammarico e con un senso d'accettazione più vicino allo stupore che alla rassegnazione. Ero affascinata dalla sua vitalità quieta, dalla sua voglia di godersi il sole tiepido e il pitosforo che aveva raccolto dalla siepe dietro il muretto. Con delicatezza teneva il rametto fra le dita piccole e ossute, osservandolo come fosse stato un gioiello, per poi di tanto in tanto avvicinarlo alle narici socchiudendo gli occhi. Nella speranza che Ester riuscisse a orientarsi, proposi di fare un giro per il quartiere con la mia auto. Accolse di buon grado l'idea senza manifestare alcuna esitazione, ma ugualmente mi sentii in dovere di rassicurarla dicendole che di me poteva fidarsi: "Sono un'insegnante. Vede quell'enorme edificio? È la scuola dove lavoro." Ester lo guardò ponendosi la mano sulla fronte per riparare gli occhi dal riverbero del sole e poi senza commentare mi si aggrappò con disinvoltura al braccio. Salimmo sulla mia Fiat 500 e iniziammo a perlustrare le vie del quartiere procedendo lentamente. Ester guardava le facciate dei palazzi, i portoni, i cancelli, le insegne, con meraviglia infantile. Ciò che a me pareva del tutto ordinario a lei sembrava eccezionale. "Quanta bella frutta!" esclamava indicando l'esposizione di uno dei tanti negozi egiziani. "Una gelateria" mormorava fra sé e sé con entusiasmo esagerato, puntando il dito verso l'insegna. Da parte mia non riuscivo a tenere a bada l'affluire disordinato dei pensieri. "In che guaio mi sono cacciata? Se non troviamo la casa, dovrò accompagnarla da qualche parte. Ma dove? A un posto di polizia? Mi sono preoccupata di rassicurarla sulle mie buone intenzioni, senza però farmi sfiorare dal dubbio che la tenera vecchietta potrebbe essere una matta pericolosa e magari adescare le persone ingenue come me per condurle dai suoi complici. Ma no. Sei sempre la solita pessimista. Ho seguito il mio istinto e speriamo che tutto si sistemi. Bisogna aver fiducia. Non si può pensare che il male sia più forte del bene e che i cattivi siano più numerosi dei buoni." Ester interruppe il mio dialogo interiore dicendo: "Il nome di un santo." "Che cosa? Quale santo?" chiesi sconcertata e lei rispose: "La strada in cui abito ha il nome di un santo." Fiduciosa, elencai i nomi di un po' di santi: san Francesco, sant'Antonio, san Pietro, san Paolo, sant'Agnese, san Giovanni. Lei m'interruppe dicendo: "No. Non uno di quelli famosi." Ebbi un momento di sconforto pensando che a fatica ero riuscita a racimolare quei quattro o cinque nomi che lei definiva famosi e che mai sarei riuscita a indovinare quale santo si celasse nelle nebbie della sua mente. Continuai a guidare accostandomi spesso sulla destra, sia per lasciarmi superare dalla fila d'auto che si formava dietro la mia, sia per leggere il nome delle vie. Qualcuno suonava a lungo il clacson dietro di noi; una signora bionda con grandi occhiali da sole, non mancò di affiancarci per strepitare qualcosa di spiacevole. Ester le si rivolse mite: "Mi scusi. Mi sono persa." Poi a me disse dispiaciuta: "Che peccato! Vanno tutti di fretta. Non si ricorderanno niente della loro vita." Le diedi ragione senza capire; di fatto, pensavo quanto fosse buffo che proprio lei si preoccupasse della memoria altrui. Era pomeriggio, filtrava ancora luce fra le fronde degli oleandri sbilenchi, allineati lungo i marciapiedi come sentinelle stanche e annoiate. Impegnata in quella ricerca, constatai che la Balduina, il quartiere dove vivo e insegno da qualche tempo, mi appariva diverso: lo stavo guardando al rallentatore, accorgendomi di particolari mai notati. Mi resi conto per esempio che gli edifici anni Sessanta creano forti contrasti cromatici fra loro e anche di linee, là dove si ergono accanto a villini signorili o a enormi costruzioni residenziali. Le salite, le scale che mettono in comunicazione tra loro le vie, i negozi, i giardinetti, ogni angolo e prospettiva mi sembravano tutti da riscoprire. Pensai che forse avesse ragione lei. Qual è la vera realtà? È tutto un continuo divenire, fluire, anche la paura di perdersi e la lotta per ritrovarsi. Eravamo in auto già da una ventina di minuti. Ester con sorprendente lucidità raccontava del suo passato come se stesse mostrando fotografie di famiglia, mettendo a fuoco pezzi di tempo. Ester bambina con le due sorelle. Ester giovane sposa di Alberto carabiniere. Ester mamma con sua figlia. Parlava senza incertezze, s'interrompeva solo quando leggevo ad alta voce i nomi delle vie. Con un lieve movimento del capo accompagnato dal suo sorriso di scuse, mi lasciava capire che non era quella la strada, per poi subito riprendere il racconto lì dove era stata interrotta, come se in quel momento non ci fosse nulla di più importante che bearsi delle sue reminiscenze. Lei riprendeva dunque a raccontare e io a guidare. Stava ricordando i tempi in cui lavorava nella sartoria di un rinomato atelier, quando su una targa di marmo lessi: via San Tommaso d'Aquino. Di colpo a lei venne in mente il nome del santo e riconobbe anche la via. Ma come avevo fatto a non pensarci? Ma certo: via San Tommaso d'Aquino. La conoscevo bene. Provai un gran sollievo e anche un pizzico d'eccitazione per avere in pugno la meta di quella strana caccia al tesoro. "Mi avverta lei quando ci dobbiamo fermare" dissi, ma non ricevetti risposta e allora riprovai chiedendo se ricordava il civico. Mi rispose che il cancello era verde, quindi iniziai a rallentare di più, fino a fermarmi di fronte a ogni cancello di quel colore, per poi guardare Ester con occhi interrogativi, forse quasi imploranti. Percorremmo tutta la via, ma lei non riuscì a riconoscere l'entrata della sua abitazione. Improvvisamente mi sentii stanca e sfiduciata. Che fare? Continuare a girare a vuoto? Prospettarle l'idea di recarsi dai carabinieri? In fondo suo marito era stato uno di loro. Oppure avrei potuto chiedere a lei stessa che cosa pensava di fare. Ci tenevo a non darle la sensazione di volerla scaricare e allora domandai: “Siamo sicuri che il santo sia Tommaso d’Aquino?”. “Ne sono certa. Via San Tommaso d’Aquino 15” disse lei con naturalezza, come se fino a quel momento non avesse fatto altro che ripetermi quell’indirizzo. Perplessa ingranai la marcia dell’auto e mi fermai in seconda fila davanti al numero 15. “È qui?” domandai dubbiosa. “Sì sono arrivata” rispose serafica. “Il cancello è bianco” obiettai. “Sì. Perché non ti piace?”. “Mi aveva detto che era verde.” “Davvero? Che strano.” Scesi dall’auto per assicurarmi che le sue chiavi aprissero il cancello bianco. Con mio grande sollievo, si aprì. Un po’ esitando, rivolgendo lo sguardo prima alla mia auto in seconda fila e poi a Ester, mi offrii di accompagnarla fin su a casa, ma lei sembrò sicura di non averne bisogno. “Bambina mia... posso chiamarti così? Potrei essere la tua mamma, vero?”. E senza attendere risposta continuò prendendomi le mani fra le sue: “Mi hai già dedicato troppo tempo. Grazie. Grazie e che Dio ti benedica. Vai alle tue cose. Vai alla tua vita. Ora è tutto a posto. Abito qui. So come arrivare fino a dentro casa. Stai tranquilla.” Mi lasciai abbracciare e poi al momento del distacco, incontrai i suoi occhi celesti e con delicatezza le chiesi: “Ester, che cosa era successo?”. Lei sorrise: “Niente. Mi ero persa e ho trovato te. Dio ti benedica figlia mia. Sei una persona speciale.” “Anche lei” farfugliai commossa, avvertendo qualcosa di caldo sciogliersi dentro di me. Varcò il cancello. Guardai la sua schiena un po’ curva allontanarsi, mentre camminava lungo il vialetto che conduceva a un portoncino. Mi accertai che riuscisse ad aprire anche quello. Lei si voltò verso di me per un ultimo sorriso. Poi fu inghiottita dall’ombra all’interno del palazzo. Risalii in auto con la sensazione di aver sognato. Per un po’, non saprei dire quanto, rimasi seduta al posto di guida, stordita come quando al risveglio del mattino ho bisogno di tempo per distinguere i contorni della dimensione in cui mi trovo; quel tempo necessario a lasciar riaffiorare visioni oniriche, separandole dai pensieri organizzativi volti ad affrontare le incombenze del quotidiano. Avrei potuto essere sua figlia, aveva detto e pensai che sarei anche potuta diventare come lei. Lei che ricorda con precisione il passato come se fosse più là che qua. Lontana dalla realtà, senza punti di riferimento, pensa che sia tutto perfetto così com'è, lasciandosi andare come una foglia che volteggia nell'aria. Lei che si affida al proprio respiro e al tepore del sole, non saprebbe che farsene delle password. Mi tornò in mente lo smartphone nella bustina di cellophane abbinato al mio nome e solo in quell'istante presi consapevolezza di quanto fosse triste associare la propria identità agli oggetti. Che c'entra quella bustina con me? Sospirando cercai di dirigere i pensieri sui problemi pratici da risolvere. Rimuginai sul fatto che avrei dovuto darmi da fare per acquistare un nuovo smartphone, che avrei dovuto fare un po' di spesa e pure passare in farmacia, ma quella frase "Che peccato! Vanno tutti di fretta" mi tornò in mente, spingendomi a parcheggiare e poi a camminare senza una destinazione precisa. Mi avviai piena di energia e a passo svelto, iniziando a rubare alla strada immagini, odori, rumori, volti, espressioni, frammenti di conversazioni. Percorsi via Andrea Doria, camminai lungo le mura vaticane e senza neanche accorgermene, mi ritrovai sul ponte di Castel Sant'Angelo al tramonto. Ero in armonia con tutta quella perfezione di forme e colori. Il cielo si tingeva sopra le cupole e i campanili, mentre il Tevere sembrava incupirsi. Lì, affacciata al parapetto del ponte ad ammirare quella strepitosa bellezza in eterno divenire, fui certa di esserci anch'io in quella cartolina, anche se in piccolissima misura sia di tempo sia di spazio. "Sì ne faccio parte come voi" dissi rivolgendomi alle strida rauche dei gabbiani. Provai la gioia di vivere, quella gioia che spesso rimane assopita, dimenticata, distratta. Pensai che Ester, sebbene smarrita, sapesse di appartenere a un tutto più grande e perfetto. Un tutto così perfetto che aveva fatto sì che proprio quel giorno, nello stesso momento in cui entrambe eravamo rimaste senza dati e punti di riferimento, lei avesse trovato me e io lei.

"Una volta che hai perso l'abitudine di essere te stesso e hai cambiato veramente il tuo modo di pensare, la tua vita non sarà più la stessa."

Joe Dispenza

Maria Luisa Natale insegna in una scuola di Roma. Ha frequentato corsi di scrittura creativa. Scrive favole, poesie, racconti e testi teatrali che mette in scena con i suoi alunni.

Pellegrini con il cuore in mano

di Edy Pulcini

“Il mio viaggio è iniziato un giorno di fine febbraio
di due anni fa. Fino ad allora avevo solo guardato
i viaggi degli altri... Probabilmente avrei continuato
da spettatrice se mio marito non si fosse ammalato...”.

“...se ti muovi verso il mondo, se ti apri,
è poi il mondo che si muove verso te
e ti porta lontano con la forza di un ciclone.”

Tutto il bello che c'è nel mondo si condensa in un viaggio, non importa che sia lungo o corto. Il viaggio ti porta lontano, fuori da te stesso, proiettato all'incontro con l'altro e a un quasi necessario arricchimento.

Il viaggio spesso si sceglie, altre volte è scelto per te e così ti ritrovi a percorrere una strada che forse avresti preferito evitare ma ormai è troppo tardi: devi camminare. Le tappe non sono libere o lo sono fino a un certo punto, i passi sono lenti quando vorresti andar veloce o veloci quando vorresti camminare lentamente.

Il mio viaggio è iniziato un giorno di fine febbraio di due anni fa. Fino ad allora avevo solo guardato i viaggi degli altri, pigra come sono sempre, tenendomi ben lontana da qualsiasi coinvolgimento personale, concentrata sul realizzare i miei sogni, impermeabile alle vicissitudini altrui, tanto appunto erano altrui. Probabilmente avrei continuato da spettatrice se mio marito non si fosse ammalato, se la nostra vita non si fosse trasformata in un casino madornale in meno di un secondo, il tempo di pronunciare il nome della malattia.

Giovani noi, due figli piccoli bellissimi, due lavori soddisfacenti, una casa rosa, un giardino curato, due gatti e il cane: che cosa si potrebbe chiedere di più se non un bel tumore?

Una scarica elettrica fortissima ha attraversato la nostra famiglia, una pennellata di nero ha confuso i colori, il buio ha catturato le nostre menti fino a che non abbiamo iniziato il nuovo cammino, scegliendo i compagni di avventura con cura e curando chi era compagno per necessità.

Attraverso le terre sconosciute della malattia prima e della disabilità poi, cercando faticosamente di respirare, stretti come eravamo nelle spire di una burocrazia soffocante, divincolandoci dai protocolli, dalle sale d'aspetto, dai responsi che in realtà erano sentenze, dalle liste d'attesa, dalle urgenze, sospesi su un filo sottile a centinaia di metri di altezza sopra strapiombi altissimi senza protezioni come i migliori equilibristi, abbiamo scoperto un mondo d'amore infinito e ci siamo aggrappati a ogni lembo di speranza che ci veniva offerto, muovendoci noi per primi e non aspettando mai che il mondo si muovesse verso noi.

Forse è questo, è sempre stato questo, il segreto: se ti muovi verso il mondo, se ti apri, è poi il mondo che si muove verso te e ti porta lontano con la forza di un ciclone.

L'onda di ritorno che si è creata ci ha lasciati senza parole e continua ancora a togliermi il fiato. Nuove amicizie, nuovi incontri, nuove scoperte ma soprattutto nuove e importanti consapevolezze: che cos'è la famiglia, che cos'è l'amore, che cosa vuol dire affrontare una difficoltà (difficoltà, non sciocchezza, cioè il 99 per cento delle cose che vengono comunemente definite "difficoltà"), che cos'è il tempo.

La Famiglia è una coorte, come la testuggine dell'esercito romano che si stringe alzando gli scudi per proteggere la parte più debole e diventa un'arma micidiale contro la malattia e i problemi, tanti, che comporta. "Stringiamoci a coorte, siam pronti alla morte" canta l'Inno di Mameli, ed era proprio così: la coorte Mucciarini aveva serrato i ranghi ed era pronta a tutto, anche alla morte quando è arrivata puntuale come un orologio.

L'Amore va al di là di qualsiasi situazione personale, al di là di qualsiasi passato, è servizio, è mettersi a disposizione, è esserci sempre, è accompagnare, è compatire nel senso vero di patire insieme, è svegliarsi la notte per consolare, è correre per l'altro, è non tirarsi mai indietro, è essere insieme e mai da soli. È rispondere alla domanda più difficile che si possa sentir pronunciare da un medico: "Signora, cosa vuole che facciamo in caso...".

È amore che va oltre qualsiasi dimensione dello scibile umano: quello che accarezza quando vorrebbe sfasciare il mondo, che si fa forte quando si vorrebbe disperare, che ride quando vorrebbe urlare, che ne fa una "questione di organizzazione" quando vede che la sua vita purtroppo è irrimediabilmente cambiata.

La Difficoltà invece? Questa parola usata spesso a sproposito che cosa include? Non certo un ciuffo ribelle di prima mattina e nemmeno l'auto che non parte, l'arrosto bruciato, l'influenza o un braccio rotto.

La difficoltà è sapere che non esiste cura, è trovarsi davanti a un medico che alza il pollice per dirti che hai ancora tempo, è salire un gradino con le tue gambe, è farsi una doccia, è vestirsi da soli, è accettare di non essere più il campione del mondo sentendosi chiamare disabile - che non va intenso come un'offesa quanto come un cambiamento radicale della propria condizione personale. Ricordo che un giorno, per far alzare la sbarra d'ingresso in ospedale, ho chiesto gentilmente al vigilante: "Scusi, ho il marito disabile in auto, può farmi passare?". Mio marito, che mai si è considerato malato, mi ha subito redarguita: "Che cos'hai detto? Che cosa sarei io?". E io ridendo: "Tranquillo. La prossima volta gli dirò che ho il marito cretino." Così ridiamo insieme.

E poi c'è il Tempo, quello che pensiamo di avere all'infinito senza renderci conto che abbiamo i secondi contati. Allora sfruttiamolo bene, facciamone tesoro, usiamo i minuti come talenti della Bibbia, non lasciamo che le nostre giornate scivolino via come sabbia tra le dita. Investiamolo come la più preziosa delle nostre ricchezze e tornerà a noi anche solo sotto forma di ricordi bellissimi, specialmente se speso per gli altri perché in realtà è dato per sé.

"Aiuto i bambini e salvo me stessa" ha risposto una volta zia Caterina Bellandi a una signora, al Santuario della Madonna di Montenero, che le aveva chiesto che cosa stesse facendo, lei impagabile navigatrice che ha tenuto salda la cartina del rally che abbiamo affrontato. Lei ci ha guidati fra curve a gomito e discese infernali, ci ha mostrato vie di fuga che ai nostri occhi non apparivano percorribili. Uno di quei compagni di viaggio di cui parlavo all'inizio, forse il più importante.

Con lei il viaggio ha acquistato un senso, si è trasformato da viaggio verso la morte in viaggio attraverso la vita. "La vita è un cammino e tu devi percorrerlo" mi ha detto a Roma un giorno mentre scendevamo le grigie scale di un sottopasso del centro. Eh già! L'abbiamo percorso Fabrizio e io, abbiamo corso, rallentato, abbiamo proceduto a saltelli ma sempre in avanti, perché indietro in questa vita non si può tornare.

Come ogni pellegrino che si rispetti avevamo un compagno irrinunciabile, uno zaino blu pieno zeppo di medicine e risultati, analisi, TAC, PET e quant'altro. Secondo *La guida del perfetto pellegrino* lo zaino non deve superare una precisa percentuale del peso corporeo di chi lo porta, ma il nostro ci superava di mille volte, ci sembrava sempre più pieno di macigni. Quante volte ho pensato di lasciarlo sul sedile del treno che ci accompagnava a Milano e invece ogni volta me lo sono caricato sulle spalle e sono scesa indossando un nuovo sorriso, proteggendo con il mio corpo chi doveva scendere dopo me.

È questo il compito di chi accompagna: sostenere e proteggere. Si diventa come le squadre d'assalto dei film d'azione che devono coprire il compagno che va in avanscoperta ad aprire la strada agli altri. Si fa scudo alla distrazione distruttiva degli altri con il proprio corpo, tutti tesi a proteggere la debolezza del compagno che quando è "in sicurezza" si lascia per un istante, correndo a ispezionare il nuovo sito per cercare o creare un posto confortevole, solo allora si recupera la squadra e si fa entrare. In pochi possono capire quanto sia faticoso e snervante tenere le antenne dritte e i sensi accesi per tante ore al giorno: il minimo errore può significare un disastro, giorni di dolore infinito semplicemente perché non si è incastrata bene la pedana del taxi e un rimbalzo improvviso ha scatenato un inferno di dolore nel corpo.

Il "Che vuoi che sia!" diventa un'espressione terrorizzante nel tuo vocabolario, ogni dettaglio risulta importante, ogni bazzecola per gli altri è una montagna per te.

È difficile, per non dire impossibile, far capire questi concetti alle persone che hanno una vita regolare. Tant'è che a un certo punto si rinuncia a spiegare perché negli occhi degli interlocutori si legge solo incredulità, che finisce per diventare malcelato disinteresse.

Si resta increduli del resto di fronte a tante cose perché non siamo avvezzi ad aprire i nostri cuori, non siamo abituati a parlare a viso e anima aperti di certi argomenti ritenuti troppo dolorosi. Io stessa ho rifiutato di ascoltare molte volte.

Ricordo una sera in particolare, una delle ultime sere in ospedale: avevamo lasciato Fabrizio che dormiva e ci stavamo avviando verso casa, zia Caterina, io e il mio zaino blu. Lei si era voltata di scatto verso me dicendomi secca con le lacrime agli occhi: "Sai che la tua vita cambierà, sai che non sarai parte più di questo mondo ma vivrai in una dimensione sospesa tra cielo e terra?".

Mi sono quasi risentita per la crudezza di quel tono: esausta com'ero non mi meritavo la verità ma una comoda dolce bugia.

Perché mi stava dicendo quelle cose? Era come ricevere un ceffone, l'ennesimo. Io non volevo far parte di nessuna dimensione di mezzo, avrei voluto solo poter fermare il nastro e premere rewind. Non volevo sentire quella storia, non credevo di poter accettare per me una situazione così poco "terrestre". Sono partita con un baco che mi rodeva lo stomaco e che cercavo di soffocare lungo la strada di casa, ma più cercavo di zittire quelle parole e più mi risuonavano nella mente.

Nei giorni a seguire quel baco si è trasformato in farfalla e ha preso il volo, io mi sono trasferita nolente nella dimensione a metà coi piedi per terra e la testa protesa verso il cielo, con il difficile compito di dar risposte a due figli quando le risposte in realtà non ci sono perché le ragioni di Dio sono pazzia per gli uomini.

La verità è che non ci dovrebbero essere nemmeno le domande se fossimo intimamente consapevoli che la vita è un viaggio durante il quale l'amore deve riempire lo zaino blu e accompagnarti sempre, qualunque sia la meta. Ma questo si scopre solo viaggiando senza paura di farlo ad anima scoperta, ma sentendosi pellegrini con il cuore in mano.

"La vita
non si spiega:
si vive."

Luigi Pirandello

Edy Maria Pulcini, sposata e madre di due figli, laureata in Giurisprudenza, consulente finanziario prima e aziendale dopo, ha scoperto il valore terapeutico della scrittura da grande grazie anche all'incontro con Caterina Bellandi.
Curiosa, riflessiva e tosta si ritiene una cocciuta scandagliatrice d'anime.

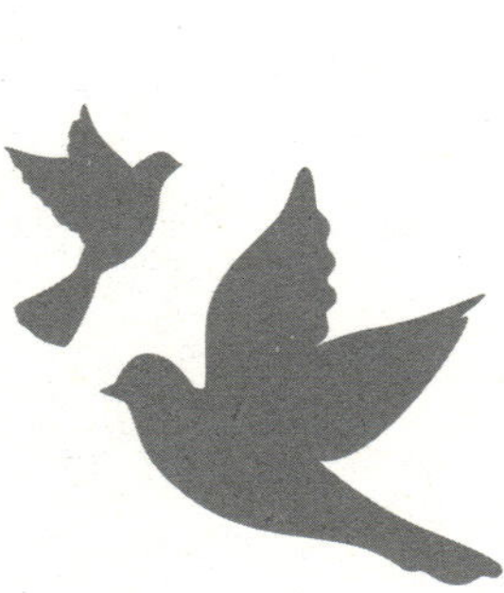

Ho incontrato la bellezza

di Tiziana Tafani

"Era come se improvvisamente tutte le cellule avessero trovato il loro posto, stavo perfettamente nella mia pelle in sintonia con i sassi di quel ponte e le sue luci d'inverno, ho provato una felicità che mai più nella vita sono stata in grado di ritrovare in quella forma pura, perché non era amore, non era passione, non era altro che la mia contiguità con il mondo...".

In novembre nessuno va in vacanza. È un periodo cupo in cui tutto il misticismo del nostro sangue torna a occupare le prime file di giornate che non trovano altro sbocco se non quello del sonno, della preghiera, della chiusura, del ricordo.

Ma per me era diverso. Io ero al centro di una giovinezza che mi regalava emozioni e un'illogica tenacia verso la solitudine. Amavo scoprire il mondo da sola, in tempi svagati, quando non era di moda inventarsi un personaggio avventuroso per finire su qualche giornale di gossip. Ero fatta così, non avevo paura e cercavo di tenere per me tutto il bello che mi arrivava vicino.

Voler trovare un senso era forse una forma di egoismo accanito che veniva dall'amore per l'arte, la musica, i libri, quei libri che divoravo lontano da ogni contatto, nelle ore sussurrate che ricavavo dall'imponenza dei miei doveri sociali.

Non conoscevo Praga ed era novembre e per me erano giorni infelici, quando l'infelicità rimbomba dentro di te e a ogni passo che muovi si allarga nel tuo corpo in ossequio a ogni respiro, s'insinua nel tuo sguardo a ogni battito di palpebra. Ero sfinita.

Eppure qualcosa di rapace nella mia indole mi metteva di fronte alla necessità di liberarmi da quella nube oscura in cui trascorrevo i giorni, non so bene se fosse l'intemperanza della giovinezza o solo il bisogno di riprendere fiato. Buttai giù un programma, prenotai il volo.

Praga mi accolse in un rigido mercoledì. Ma non mi pareva vero. Le sorprese arrivavano una dopo l'altra senza darmi tregua, consumando il poco tempo che avevo scelto di trascorrere in quel posto da capogiro.

È una città capace di travolgerti se molli il freno della ragione e inizi a correre intorno a tutto quello che non ricordavi di ricordare.

Sgranai l'esordio del mio tempo dietro una finestra, sdraiata su un divano in una camera che dava le spalle alla casa di Kafka. C'era un silenzio antico dietro quelle alte mura, ai margini di quella larga piazza che ospitava il mio sguardo. Rimasi a lungo immobile dietro la finestra, buttando via il tempo così, in attesa che mi venisse la voglia di andare a scoprire quello che avevo letto sui libri.

Ma fu un amore a prima vista, quello che vorrei riuscire a raccontare.

Iniziai a camminare, che si era già fatta sera, sotto i portici da cui sbucavano le luci di tutti i cristalli e piano piano mi avviai verso il fiume. Non sapevo che stavo per raggiungere il punto più alto della vita, quello con cui ti confronterai per il resto dei tuoi giorni in un paragone perdente, quello che ti lascerà il sapore delle cose buone quando sarai costretto a masticare amaro.

Andò così.

Sulla strada che portava verso il Ponte Carlo, nei vicoli lastricati di pioggia gelata, si riflettevano in dissolvenza le luci dei lampioni. Un'aria gotica si alzava intorno, e via via che mi facevo strada ascoltavo suoni scoordinati, in una partitura inconsapevole che stordiva il passo.

Appena prima del ponte, piccole, invisibili scale invitavano a visitare una cantina. Lì mangiai e mi ripresi da ogni malinconia. Fu la pigrizia a guidare il cammino del ritorno, certa di patire un freddo terribile. Ma lì avvenne un miracolo.

Era come se improvvisamente tutte le cellule avessero trovato il loro posto, stavo perfettamente nella mia pelle in sintonia con i sassi di quel ponte e le sue luci d'inverno. Ho provato una felicità che mai più nella vita sono stata in grado di ritrovare in quella forma pura, perché non era amore, non era passione, non era altro che la mia contiguità con il mondo, il punto più alto della mia vita. Il momento perfetto che passa nell'esistenza di tutti a me è capitato in quella bellezza impensabile, in mezzo a tanti sconosciuti: era la felicità. Esiste davvero la felicità.

Ho depositato la memoria di quei momenti in un contenitore formidabile, in una fiamma sempre accesa, ho chiamato così mio figlio. Un secondo nome che ho imposto con belligeranza, in una convinta incoscienza appena l'ho visto dividersi da me, quel tutto assoluto che mi aveva reso una donna diversa. Ma mentre ero sul ponte tutto questo non lo sapevo.

Rimasi su quel ponte finché il sonno e il freddo mi costrinsero ad allontanarmi e lentamente ripresi la strada verso la casa di

Kafka, passando attraverso il quartiere ebraico, dove le leggende fanno vivere i golem.

Le poche ore che trascorsi a riposo mi convinsero che avrei dovuto bruciare quel poco tempo che mi restava.

La mattina dopo furono mie la città vecchia e poi il castello. Il rumore della mia gioia restituiva lo splendore a quelle antiche pietre, fu niente la fatica di raggiungere la vetta del castello. Feci di corsa quella strada dalle invisibili pendenze.

Il castello di Praga è una costruzione faraonica, piena di guglie che allungano lo sguardo verso l'orizzonte della città vecchia, belle di una bellezza senza tregua; vale la pena lasciare il fiato verso la salita.

Poi tutto il resto. La città nuova, piazza Venceslao, Jan Palach. Ma più di ogni immagine, mi è rimasto negli occhi e nel cuore il quadro involontario dietro la finestra del conservatorio di musica, dove ero andata a mangiare e mentre mi perdevo nella luce liquida delle candele accese, cominciò a scendere una neve timida, brillante come un pianto segreto.

Ci vorrebbero cento vite per mettere a posto quei tre giorni e forse non ne varrebbe la pena, perché la perfezione del bello l'ho incontrata tante volte, ma non l'ho più vista con quel rigore d'amore.

“La bellezza salverà il mondo.”

Fëdor Dostoevskij

Tiziana Tafani si è laureata in Giurisprudenza alla Luiss. Si occupa di relazioni con l'Europa. Mamma. È Presidente dell'associazione "Orvieto Città del Corpus Domini", membro del CdA del Centro Studi Città di Orvieto. È nei "1.000 curricula eccellenti" della Fondazione Marisa Bellisario, di cui è socia. Ha pubblicato numerosi racconti presenti in antologie della Giulio Perrone Editore.
Per Intermedia ha pubblicato *Freud e Orvieto*.

Le parole cambiano il mondo

di Luigi Spadafora

"...volevo soltanto aiutare quante più persone possibili
e la poesia era lo strumento perfetto per realizzare
tutto questo... come spesso accade per i sogni,
per iniziare a viverli davvero, a volte basta
semplicemente aprire gli occhi e iniziare da un'idea."

La prima volta che presi in mano una penna, non mi rendevo conto della potenza delle parole.

Ero un ragazzino di 14 anni, sulle mie spalle soltanto lo zaino della scuola e tanti sogni che un giorno avrei voluto si avverassero.

Ma come spesso accade per i sogni, per iniziare a viverli davvero, a volte basta semplicemente aprire gli occhi e iniziare da un'idea.

La mia idea arrivò quattro anni fa quando, tra una poesia e l'altra, donavo il mio tempo al servizio dei più bisognosi come volontario della Croce Rossa Italiana.

Adoravo la musica e ascoltando alcune canzoni di Tupac Shakur restai sbalordito dalle parole che venivano veicolate attraverso le canzoni per aiutare la sua comunità, per combattere e ottenere i diritti che la sua gente chiedeva da tempo.

Io volevo fare lo stesso, volevo trasformare le poesie in azione a supporto del prossimo, volevo soltanto aiutare quante più persone possibili e la poesia era lo strumento perfetto per realizzare tutto questo.

Ricordo che chiamai subito il mio professore Flavio Nimpo e gli spiegai tutto ciò che avevo pensato. La sua risposta fu decisiva, eppure quando iniziammo insieme questo percorso non immaginavo che avremmo vissuto momenti indimenticabili che ci hanno dato la forza di andare avanti e superare gli ostacoli. *Angeli senz'ali* fu il titolo della prima antologia che realizzammo raccogliendo le poesie di alcuni degli alunni della mia scuola. Lo scopo del libro era sostenere l'Unità di strada del comitato locale della Croce Rossa di Cosenza attraverso il ricavato delle vendite dell'antologia. La presentazione fu semplice: era presente un centinaio di persone ma essendo soltanto l'inizio eravamo più che contenti del risultato raggiunto.

Non mi rendevo conto dell'importanza che il progetto aveva assunto fino al giorno in cui la Commissione cultura della città di Cosenza decise di conferirmi un riconoscimento.

Immaginate un ragazzino di 15 anni che sente il peso di tali responsabilità: non era semplice.

Il secondo libro che realizzammo s'intitolava *I migranti del cuore*. L'obbiettivo era cambiato ma l'idea era sempre la stessa: gli ostacoli aumentavano ma quando il cuore vuole qualcosa non la si può impedire. L'emozione più grande la sera della presentazione fu vedere i miei fratelli immigrati seduti lì con noi, tutti insieme per godere di un momento di assoluta solidarietà, un momento di quelli di cui avremmo bisogno più spesso al giorno d'oggi. Il libro fu un successo e la gente presente allo spettacolo era quasi il doppio dell'anno precedente. Ora sapevamo che potevamo fare di più e aiutare davvero chi ne aveva bisogno. Ci mettemmo al lavoro per il terzo anno consecutivo per dare vita al libro *Anime di vetro* che decidemmo di presentare al prestigioso teatro Alfonso Rendano.

Sembrava una sfida impossibile, ma un angelo custode arrivò per aiutarci. Mi giunse infatti una mail di risposta da Silvia Vaccarezza che era interessata a girare un servizio per il suo programma Tutto il bello che c'è.

L'impatto che ebbe quel servizio fu impressionante: quell'anno alla presentazione del libro riempimmo l'intero teatro. Per sostenere la causa erano venute quasi settecento persone.

Quando salii sul palco l'emozione era indescrivibile: quello era il mio sogno e si era avverato.

Lo spettacolo si articolava tra poesia, musica e danza e sul palco al mio fianco sempre i miei fratelli di Casa Accoglienza sui cui volti s'intravedeva la felicità di sentirsi finalmente a casa, di sentirsi umani.

Con il ricavato dalle vendite di *Anime di vetro* realizzammo una splendida sala computer proprio all'interno di Casa Accoglienza, così che i nostri fratelli potessero tenersi in contatto con le loro famiglie lontane e studiare per sentirsi più integrati. Silvia Vaccarezza mi ha invitato altre due volte nel suo meraviglioso programma che ogni giorno regala un sorriso a tutti gli italiani, dandomi la possibilità di presentare anche il nostro nuovo progetto uscito lo scorso marzo.

Destinazione è il titolo dell'ultimo libro che abbiamo pubblicato, un assoluto successo che mi ha permesso di girare l'Italia. Quest'antologia è un viaggio ideale attraverso la nostra coscienza e attraverso questo mondo spesso torturato da vane ideologie. Il viaggio è iniziato proprio su RAI 2 a Tutto il bello che ed è continuato a Napoli dove *Destinazione* ha vinto un premio letterario internazionale. Chi lo avrebbe mai detto? Ho presentato il libro anche a Torino durante il Salone del libro.

Oggi ho 18 anni, tutto questo mi è costato notti insonni e lacrime, chiedendomi spesso se stessi facendo la cosa giusta, ma in fin dei conti vedere il sorriso sul viso dei miei fratelli resta la gratificazione più importante. Senza Croce Rossa Italiana, senza la mia scuola, il Liceo Classico B. Telesio, senza la mia famiglia, senza Tutto il bello che c'è e senza tutte le persone che mi hanno aiutato in questi anni, oggi non avremmo realizzato tutto ciò.

“Quanto meno abbiamo, più diamo. Sembra assurdo, però questa è la logica dell’amore.”

Madre Teresa di Calcutta

Luigi Spadafora è nato il 23 luglio 1999 a Cosenza. Ha frequentato il Liceo Classico B. Telesio ed è ora studente della Pontificia Università Lateranense. Luigi è volontario della Croce Rossa Italiana e membro del team comunicazione giovani. Ha ricevuto un riconoscimento dalla commissione cultura della sua città.

Millecinquecento unici soli

di Marina Bertozzi

"Diversità, mille fiori tutti diversi, insegna Van Gogh,
sono un solo prato che vibra di colore.
Senza bisogno di un critico d'arte, lo vedi e percepisci
le tue sensazioni positive."

"Certo siamo in un Tg, abituati alle brutte notizie... sarà dura far digerire uno spazio di positività e belle storie." Era una riflessione sensata dal punto di vista di Silvia, dopo decenni di lavoro nella redazione cronaca del Tg2.

Noi siamo quelli di Tutto il bello che c'è: più che un gruppo siamo un flusso di persone che per circa tre anni ha studiato un modo nuovo di fare giornalismo televisivo.

Lavorare per il bello, per le notizie positive, mettendo sul tavolo la propria visione, cercando di escludere l'ego e il protagonismo per dare spazio alla voce della gente comune, è anche un modo per crescere personalmente. Tutto il bello che c'è ci ha cambiati.

Piergiorgio proponeva idee sulla struttura del programma, Maria Grazia parlava di poesia e fiori, animali e giardini e poi della piccola editoria.

Sonia ci descriveva le mille vie per raggiungere la crescita personale, ci indicava formatori, corsi, e ogni volta arrivavano persone nuove, altri possibili redattori.

In alcuni momenti si scatenavano appassionati brainstorming che neanche nelle agenzie pubblicitarie dei film americani sarebbero stati così intensi, a volte dibattiti accesi a sostegno di posizioni dure, un atteggiamento contrario all'etica nascente di Tutto il bello che c'e. Così il programma è stato riscritto più volte fino a trovare un equilibrio.

La maggior parte di noi scriveva appunti a mano su un block notes o su un quaderno, non al computer. Il sogno delle belle notizie, il Tg positivo, era scritto nell'aria in bella vista. Noi abbiamo semplicemente seguito la nostra curiosità, la comune capacità infantile di leggere quello che tutti scrivono con il cuore, il messaggio scritto da tutti che passa tra le nuvole come l'aereo del Piccolo principe.

Tra appunti, disegni, mille fogli e quaderni, Maria Grazia e Silvia, che erano una sola persona o a volte due completamente opposte come il bianco e il nero, crearono la trasmissione. Diversità, mille fiori tutti diversi, insegna Van Gogh, sono un solo prato che vibra di colore. Senza bisogno di un critico d'arte, lo vedi e percepisci le tue sensazioni positive.

Ma sarebbe stato sufficiente leggere? Tutti noi sappiamo scrivere, non come Manzoni o Dumas beninteso, e tutti noi siamo una lettura interessante. Dalla vita più semplice e tradizionale, dalle piccole alle grandi cose, c'è tanto da leggere e soprattutto da scrivere, ognuno con il proprio abbecedario unico e con il proprio strumento preferito, che sia penna, pennello, parola, video, macchina fotografica. L'abbecedario delle belle emozioni è unico solo se autentico, ed è esclusivo della persona che si esprime con l'intenzione di condividere se stessa.

Cinquecento soli: ho trascorso un'estate importante della mia vita a lavorare con bambini dai 3 ai 9 anni, mediamente 500 bambini ogni mese in un grandissimo villaggio turistico. All'arrivo chiedevo a ciascuno di loro di realizzare una pallina con la pasta per modellare, poi di schiacciarla con le mani, tracciare un cerchio con un bicchiere sulla superficie schiacciata e disegnare su quella il proprio sole personale, con o senza raggi, così come lo immaginavano, senza suggerimenti; senza competizione ma con il giusto orgoglio. Alla fine dell'estate i soli erano 1.500 circa e nessuno aveva copiato: 1.500 unici soli. UNICI SOLI. Ognuno è un sole unico, proprio come il Sole quello vero.

Dietro lo schermo di un grande e colorato Mac, dal quale partono confezionate le mie idee di grafica creativa free lance e altri format di studio sulle tendenze del prossimo futuro, spesso mi esercito a "unire i puntini" come diceva Steve Jobs. È un gioco antico e molto utile, che insegna a osservare i percorsi delle attività e delle persone per vedere le direzioni che prendono gli avvenimenti.

Grazie a quell'esercizio appreso da bambina ho concluso che il sentimento principale che ci attrae è la tenerezza, quella pulsione spontanea che porta verso gli altri con gioia e senza difese; un sentimento fragile che non può essere tradito perché si basa sulla reciproca buona fede e quindi non consente speculazioni. Rappresentare Tutto il bello che c'e è rispettare principalmente questo patto etico.

Il nostro programma fu accettato solo quando un bambino di dieci anni decise di scrivere al direttore dei telegiornali per chiedergli di dare spazio a un nuovo Tg con belle notizie scritte da bambini. Di nuovo i piccoli insegnavano: la forza della tenerezza e un patto di fiducia ruppero il muro di incredulità che circondava da anni il progetto. Una storia bellissima. Il programma cominciò con quel bambino.

Dietro lo schermo del grande e colorato Mac c'è una grande buca delle lettere e un postino che non ama stare sul palcoscenico e non è in televisione, ma riceve Tutto il Bello che c'è dalle persone che scrivono le loro bellissime storie via mail, su Facebook su Instagram. Non è un grande regalo? Da lì le storie volano direttamente, grazie alla tecnologia, sulla scrivania di Silvia che segnala le notizie ai colleghi e che spesso si occupa direttamente di realizzare i servizi. La buona notizia è un regalo che torna anche a chi la diffonde.

Ero seduta sul gradino di un marciapiede, delusa da una storia che mi era sembrata un grande amore e dovevo avere un'aria molto triste. Arrivò sorridendo un ragazzo con un libro, si chinò e mi disse: "Te lo regalo, questo è il tuo libro." Sono passati tanti anni, ma mi sembra oggi, mentre scrivo. Quel libro era *Alice nel paese delle meraviglie*. Lessi le prime pagine e, come fosse una canzone allegra, quel libro fu l'inizio di un bellissimo percorso di vita, oltre che un lieto compagno di viaggio verso casa.

È una piccola storia di un quarto d'ora di stupore intenso molto simile alla felicità. Mi piacciono le storie piccole e ambientate nel quotidiano.

Unire i puntini aiuta a vedere meglio, perché tutti noi siamo in grado di leggere i messaggi corali che ci sono, a patto di usare i nostri buoni sensi puliti. Possiamo lavorare tutti i giorni, come più ci piace, per lasciare un Pianeta migliore a persone migliori di noi, ai nostri figli, ma non possiamo pensare di prevedere tutto.

Siamo nati come pochi girasoli, in un campo tutto da seminare e ora siamo un grande prato con tanti fiori che siete voi. Con la bellezza che leggiamo e cerchiamo di tradurre possiamo testimoniare l'imprevedibile.

"Certo siamo in un Tg, abituati alle brutte notizie... sarà dura far digerire uno spazio di positività e belle storie."

Certo Silvia, all'inizio sarà dura ma poi diverremo parte integrante del Tg perché le notizie positive ci troveranno, arriveranno, sono sempre state con noi fin da quando abbiamo ideato questo spazio e saranno loro a bussare alle porte del Tg che inizierà a considerare essenziale Tutto il bello che c'è.

"

"Ma io non voglio andare fra i matti" osservò Alice. "Be', non hai altra scelta" disse il Gatto. "Qui siamo tutti matti. Io sono matto. Tu sei matta." "Come lo sai che sono matta?" Disse Alice. "Per forza," disse il Gatto: "altrimenti non saresti venuta qui."

Da *Alice nel Paese delle Meraviglie*

"

Marina Bertozzi si occupa di Comunicazione visiva dal 1986. È una designer, progetta e realizza brand, corporate identity, siti web, testi, illustrazioni e foto, è specializzata nella comunicazione dei canali social. Vive e lavora a Roma… e sul web.

L'innocenza salverà il mondo

di Valter, Barbara e il team di Inner Peace

"...subito dopo gli attentati, proprio perché abbiamo sentito con più forza la necessità di portare sollievo, profondità, pace e amore... Ogni evento ha generato vere e proprie ondate d'amore che hanno avvolto le città e attraverso l'esperienza di pace interiore vissuta, innescato il desiderio di reale cambiamento."

"La meditazione aiuta a conoscere il dentro di se stessi, mi fa passare lo stress, mi rilassa, mi fa dimenticare ogni preoccupazione, è bella! Mi fa sentire come in un altro mondo."

Valentina 9 anni, Roma

"Grazie Inner Peace! Con la meditazione mi avete insegnato molte cose per esempio a rilassarmi, a conoscermi meglio, a piacermi e a trovare l'amore. Ho finalmente trovato la pace interiore."

Giorgia 10 anni, Milano

"Mi sono sentito senza tutte le preoccupazioni e lo stress che avevo prima, mi sono sentito libero di esprimere ciò che penso e non inferiore come prima, ma una persona come le altre in grado di comportarsi nel modo in cui è capace."

Lorenzo 13 anni, Torino

"Quando ho sollevato la mano sopra la testa mi sembrava come di stringere una palla di energia fresca. È stata una sensazione stupenda che non avevo mai provato. Quando sono arrivata qui avevo tanti pensieri che mi ronzavano per la testa, ma dopo l'esperienza mi sono sentita proprio libera, leggera e molto felice come se fosse esplosa una bomba di leggerezza e felicità dentro di me. Voglio insegnare la meditazione ai miei familiari e praticarla molto spesso."

Giorgia 12 anni, Torino

"Veramente avete portato la calma nelle nostre menti, spiegato come gioire della bellezza del silenzio e l'importanza del sentimento di essere parte del gruppo."

Ruben 15 anni, Bruxelles

"Mi sono sentita molto bene con voi, è stata un'esperienza bellissima. È molto bello sentire la propria energia e quella degli altri."

Giorgia 13 anni, Madrid

"Onestamente credo di essermi ritrovato. Mi sento estremamente felice e rilassato. Mi sento libero, il mio cuore è diventato libero di fare ogni cosa. Mi sono sentito come Buddha."

Daan 16 anni, Amsterdam

Questi sono solo alcuni delle migliaia di pensieri che bambini e ragazzi di tanti istituti scolastici sparsi nei cinque continenti hanno scritto, ispirati dall'esperienza avuta con la meditazione proposta dalla nostra associazione Inner Peace. Il nostro è un progetto internazionale che in diversi anni ha coinvolto milioni di studenti in tutto il mondo, diffondendo attraverso la meditazione un messaggio universale di pace. Oltre cinquanta le nazioni nelle quali quasi 3,5 milioni di persone hanno potuto sperimentare uno stato di consapevolezza senza pensieri che conduce naturalmente alla pace interiore. Una rete di 5.350 volontari che instancabilmente ogni giorno rende possibile una diffusione di massa per realizzare quella che a molti potrebbe sembrare un'utopia: creare nelle nuove generazioni i presupposti per dissolvere ogni conflitto.

"Non ci sarà pace nel mondo finché non ci sarà pace dentro di noi."

È la frase che accompagna ogni nostro progetto: non possiamo costruire un mondo di pace senza che questa pace fiorisca prima dentro ogni essere umano. Noi abbiamo trovato uno strumento d'amore per farlo, la meditazione Sahaja Yoga, la cui essenza è contenuta nel nome: *Sahaja* può essere tradotto come "spontaneo", "innato" e *Yoga* significa "unione"; una meditazione dunque, che permette spontaneamente l'unione della nostra energia interiore, che risiede allo stato dormiente fin dalla nostra nascita nell'osso sacro, con l'energia "onnipervadente", con il tutto. Questa connessione, alla quale siamo tutti predisposti, si attiva grazie al nostro "sistema sottile" e ci conduce naturalmente a uno stato di gioiosa consapevolezza senza pensieri. Il silenzio che nasce nella nostra mente ci consente di percepire e vivere uno stato di pura pace interiore e profonda integrazione, esperienza conosciuta anche come "realizzazione del Sé".

Abbiamo sperimentato e appurato attraverso numerosi studi scientifici l'efficacia e l'immediatezza di questa tecnica, talmente semplice da poter essere utilizzata anche con bambini molto piccoli. Affiancati da insegnanti impegnati nella scuola da oltre trent'anni, psicologi, medici e maestri di meditazione con esperienza pluriennale, abbiamo estrapolato dalla meditazione Sahaja Yoga alcune tecniche adatte a brevi percorsi esperienziali per le nuove generazioni e messo a punto un linguaggio, musiche e racconti appositamente creati per le varie fasce d'età, al fine di condurre i piccoli alla scoperta del loro meraviglioso mondo interiore con gioia e leggerezza.

Fin dal primo istante in cui questa esperienza è divenuta parte integrante della nostra vita, noi crediamo concretamente nella possibilità di cambiare il mondo; in noi scorre la forza ispiratrice di una Grande Madre, Shri Mataji Nirmala Devi, che un tempo bambina raccontò il suo sogno in una poesia:

"Vorrei essere piccola come un granello di polvere che si muove con il vento e va in ogni luogo. Può andare a posarsi sulla testa di un re, cadere ai piedi di chiunque e in qualsiasi luogo. Ma io vorrei essere un granello di polvere che sia fragrante, che nutra e che illumini."

Shri Mataji è stata una principessa indiana nata nel 1923 da una famiglia di origini cattoliche che con immenso coraggio e sacrificio ha combattuto al fianco di Gandhi per liberare l'India dalla dominazione britannica. Dopo la liberazione dell'India, Shri

Mataji ha dedicato tutta la sua vita all'umanità, all'evoluzione spirituale dell'uomo. Ha viaggiato instancabilmente per oltre quarant'anni in tutto il mondo per insegnare gratuitamente, in migliaia di conferenze da lei tenute, il Sahaja Yoga, la tecnica di meditazione da lei messa a punto. Ha ottenuto numerosi riconoscimenti prestigiosi tra i quali due candidature al premio Nobel per la pace. Ha viaggiato spargendo quella polvere magica, fragrante e illuminante di puro amore che ha dato vita a un esercito di volontari che ogni giorno si attivano per la realizzazione di questo nuovo mondo. Nei suoi innumerevoli viaggi Shri Mataji ha toccato i cinque continenti e vissuto intensamente con ricercatori di ogni Paese l'esperienza della "realizzazione del Sé". Passando di luogo in luogo nel corso della propria vita ha scelto come sua seconda dimora l'Italia dove dal 1980 in poi ha trascorso molto del suo tempo, tenendo incontri e conferenze in tutta la penisola e vivendo con la sua famiglia tra Genova e Cabella Ligure (AL). Proprio a Cabella Ligure nel 1991 ha costituito il Centro internazionale di Sahaja Yoga, un luogo dove nel corso dell'anno si incontrano migliaia e migliaia di ricercatori nazionali e internazionali. Tutto questo suo lavoro ha contribuito alla creazione di un ponte straordinario tra l'Italia e il resto del mondo, tanto che il comune di Cabella le ha conferito la cittadinanza onoraria. L'Italia fu scelta quindi da Shri Mataji come centro per molte delle sue attività e anche come terra dove muovere i suoi ultimi passi fino alla sua dipartita avvenuta il 23 febbraio 2011 proprio a Genova.

Shri Mataji ha sempre insistito sulla necessità di proteggere e diffondere l'innocenza come valore fondante della società. La nostra associazione si basa su questo stesso principio: le nuove generazioni con l'incredibile forza della loro innocenza salveranno il mondo. Ogni evento internazionale a cui abbiamo partecipato ne è stato testimonianza: Bruxelles, Parigi, Madrid, Berlino, Londra, Amsterdam, Kiev. Queste sono solo alcune delle città dove nella stessa giornata migliaia di studenti, dalle scuole materne alle università, hanno meditato tutti insieme contemporaneamente, guidati da centinaia di volontari provenienti da Paesi diversi che si sono recati nelle varie scuole delle città. Il primo progetto internazionale è nato a Bruxelles subito dopo gli attentati, proprio perché abbiamo sentito con più forza la necessità di portare sollievo, profondità, pace e amore a tutti i bambini e i ragazzi sconvolti dal terrorismo e da ogni piccola e grande violenza che quotidianamente attacca la loro innocenza. Ogni evento ha generato vere e proprie ondate d'amore che hanno avvolto le città e attraverso l'esperienza di pace interiore vissuta, innescato il desiderio di reale cambiamento. Bambini e ragazzi si sono scambiati messaggi d'amore e di pace. Tutto il bello che c'è ci ha dedicato vari servizi in uno dei quale Silvia Vaccarezza ha definito l'esperienza "una girandola d'amore" che passa di bambino in bambino e che si nutre di questa nuova fragrante consapevolezza che è l'esperienza del Sé: sentire consapevolmente l'amore, la pace, la sicurezza, l'integrazione dentro se stessi e rendere il tutto parte integrante della propria quotidianità.

Questo ha molteplici significati: genera naturalmente equilibrio, integrazione e benessere; dissolve l'illusorietà della diversità che separa e porta alla violenza, al bullismo e al razzismo, con risultati concreti dichiarati da centinaia di insegnanti, presidi e genitori, tanto da portare alla richiesta d'inserimento del progetto nei piani dell'offerta formativa di numerosi istituti scolastici e l'inserimento dei nostri progetti nell'offerta del Dipartimento servizi educativi e scolastici di importanti comuni italiani tra i quali Roma e Torino.

Un viaggio partito dall'India che continua il suo percorso grazie a grandi anime. Un'anima davvero speciale l'abbiamo incontrata tanti anni fa: il volto d'angelo e il sorriso che illumina di Maria Grazia Capulli. Abbiamo meditato con lei, abbiamo riso e condiviso i nostri sogni. Lei ha sempre dedicato la sua attenzione ai più deboli, ai bisognosi, alle anime fragili; il suo cuore lo sentivi da lontano, arrivava prima di lei e ci ha sostenuti come nessun altro aveva mai fatto prima, ci ha dedicato la massima cura e attenzione lavorando fino ai suoi ultimi giorni di vita per la messa in onda di splendidi servizi televisivi dedicati al nostro lavoro con i bambini. Grazie a questi servizi e ai successivi realizzati con Silvia, oggi i nostri progetti sono noti a qualche milione di telespettatori. Tanti insegnanti ci hanno contattato e migliaia di bambini hanno potuto vivere l'esperienza della pace interiore e divenire ancora più consapevoli della sua straordinaria bellezza. Maria Grazia Capulli e Silvia Vaccarezza con la loro sensibilità eccezionale hanno dato vita a questa splendida rubrica legata al Tg2 che finalmente porta speranza, solidarietà, amore e integrazione nelle case di noi italiani.

Non a caso tutto inizia proprio grazie a un bambino, che con la sua spontanea innocenza invita il direttore della RAI a realizzare un telegiornale adatto ai bambini, che racconti cose belle, che parli della bontà, dell'amicizia, delle persone che si aiutano, dei bambini. Quello era il suo sogno, per fortuna già presente nel cassetto di due grandi giornaliste, perché l'innocenza non ha età.

Infinitamente grati, infinitamente grazie.

“Vorrei essere piccola come un granello di polvere che si muove nel vento. Va in ogni luogo. Può andare a posarsi sulla testa di un re o può andare e cadere ai piedi di chiunque: può andare e posarsi in ogni luogo. Ma io vorrei essere un granello di polvere che dia fragranza, nutrimento, luce.”

Shri Mataji Nirmala Devi

Il progetto Inner Peace nasce a Roma nel 2013 da un nucleo originario di 5 persone. In meno di 5 anni si è diffuso in 54 Paesi, con la progressiva partecipazione spontanea di circa 5.000 volontari nei cinque continenti, arrivando a coinvolgere oltre tre milioni di studenti. www.innerpeaceday.org

I personal trainer della guarigione

di Federica Iorio

"Iniziai la mia maratona come un atleta che sa da dove parte ma non sa dove deve arrivare. Gli spalti erano pieni di amici cari e non di una folla curiosa. Tutti tifavano per me."

"In quella pianta c'è tutta la mia storia e la mia rinascita. Inizio a curarla come se curassi me stessa."

Tutto ebbe inizio il 23 novembre 2009, il giorno in cui nel 1980 Napoli, la mia città, fu colpita da un terremoto.

Anche per me quel giorno si scatenò un autentico terremoto, la mia vita in un attimo fu stravolta.

Avevo appena fatto il bagno in mare, tuffandomi da una barca al largo di Gaeta in una giornata calda e piena di sole.

Un torcicollo - di quello pensavo si trattasse - mi bloccava la rotazione della testa verso destra. Solo più tardi capii che quella sarebbe stata l'ultima volta che avrei girato il collo in maniera naturale. Seguirono ore terribili e giornate ancor più terribili dopo aver scoperto che si trattava di linfonodi. Ci vollero ancora due mesi prima di avere una sentenza di tumore con metastasi.

Ero con mio marito e parte della mia famiglia quando mi venne comunicato, ma in quelle ore cariche di tragedia sentii che ce l'avrei fatta, che non sarei morta.

Capivo che avrei dovuto combattere, non sapevo quanto, non sapevo ancora come, ma certo mi si prospettava un anno orribile.

Proprio da qui parte il mio film brutto e bello allo stesso tempo, buono e cattivo.

La prima sensazione quando ti dicono che hai un tumore è quella che conta. In me non scattò la paura ma la consapevolezza che siamo un nulla, un niente su questa Terra e la mia mente per non annegare si focalizzò su un punto nella stanza. I miei occhi s'imbatterono nell'immagine di una barca a vela dipinta in un quadro. Fissai quella barca con tutta l'energia di cui disponevo scacciando in maniera razionale tutte le tensioni che emanavano dalle parole dei medici. Guardavo l'imbarcazione dipinta e pensavo che sarei dovuta ritornare su una barca il prima possibile, foss'anche per un'ultima volta. Non fui presa dal panico ma piuttosto da una modalità di pensiero positivo, tutto volto alla possibilità di ritornare a solcare il mare con le vele gonfiate dal vento. Tutto il mio percorso è stato poi scandito da quel filo conduttore: combattimento, guarigione, mare, barca. E veleggiare in mare fu la prima cosa che feci dopo un intervento di svuotamento totale latero-cervicale, 42 sedute di radioterapia e cinque di chemioterapia da 75 ore.

Sempre seguendo quella scia di pensiero positivo, mi fissavo su momenti di gratificazione, su piccole mete piacevoli che mi regalavo dopo un certo numero di sacrifici. Dopo l'intervento, dal quale sono uscita diversa - non mi piace la parola disabile così come non tollero l'espressione "brutto male" - iniziai a fare fisioterapia quasi tutti i giorni. Era il mio unico appuntamento "mondano" e lo fu per molti mesi, anzi quasi per due anni.

Con il fisioterapista si crea un rapporto intenso quasi d'amore, perché è l'unico al quale affidi il tuo corpo confidando che riesca a riportarlo alla normalità.

Iniziai la mia maratona, come un atleta che sa da dove parte ma non sa dove deve arrivare. Gli spalti erano pieni di amici cari e non di una folla curiosa. Tutti tifavano per me ma io non lasciavo avvicinare nessuno, non volevo distrazioni. Gli unici ammessi erano mio marito, che per dodici lunghi mesi mi ha nutrito con il suo amore nel vero senso della parola, passando intere notti sveglio accanto a me attaccata alla macchina della PEG, cambiando le sacche di nutrizione artificiale o le flebo, e il mio fisioterapista. Sono stati due coach che mi hanno sostenuta nel cammino, nella mia prestazione da maratoneta: mi davano acqua quando avevo sete, mi asciugavano il sudore quando compivo l'ennesimo giro di pista, soddisfacevano ogni mio bisogno camminando sempre accanto a me.

Il loro linguaggio si esprimeva attraverso gli occhi, era muto, fatto solo di sguardi ma così intenso e partecipe della mia vita da sostenermi e da farmi persino dimenticare le scadenze dei controlli e il traguardo finale, tanto era bello quel sentirsi sostenuta e amata.

Al di là dell'immagine metaforica del maratoneta, io passai due anni quasi sempre a letto vivendo tutte le emozioni che un essere umano solitamente conosce in una vita: sofferenza, smarrimento, paura, depressione, anoressia, stanchezza, rinascita.

Proprio mentre rantolavo nel letto di casa dopo l'intervento sento il trillo del citofono. Era il primo da tempo e del tutto inaspettato.

Il mio telefono invece era bollente, pieno di messaggi che non leggevo. Non potevo neppure rispondere perché oltre alla voglia avevo perso anche la voce. "Capiranno" pensavo. D'altronde era comprensibile che gli amici s'informassero sulla mia salute e altrettanto comprensibile che io non rispondessi. Ma la citofonata no, quella non era proprio prevista. Nessuno aveva il coraggio di entrare in diretto contatto con quella che è la principale paura di ciascuno di noi, il cancro. Perché così è giusto chiamarlo: cancro, tumore e non brutto male. È un male e basta e crea già tanta sofferenza. Perché aggiungere quell'aggettivo che sa di sporco, cattivo e sembra un ulteriore affondo nei confronti delle persone che ne sono colpite?

Barcollo verso l'ingresso perché la persona al citofono non demorde.

"Sono Silvia, Federica apri."

Apro la porta a una persona che fino ad allora consideravo solo la mamma di un amichetto di scuola di mia figlia. Lei entra con invadenza, amore e coraggio e io mi rimetto nel letto. Lo sguardo di Silvia è attonito, impaurito e pieno di lacrime. Non mi fa domande, mi accarezza e affronta tutti gli argomenti. Il mio dimagrimento è evidente. Le leggo negli occhi un programma che parte da lì, dal primo problema da affrontare. "Federica è ora di ingrassare." Mi preleva da casa e in un batter d'occhio siamo nel supermercato più vicino. La seguo e, come ipnotizzata dalla sua fermezza in quell'intento, afferro con le poche forze che ho un carrello e iniziamo a riempirlo in maniera compulsiva come fanno i ragazzi. Sembriamo proprio due adolescenti in una giornata di festa quando si va a fare la spesa in vista di qualche evento. Forse è quell'immagine a darmi la carica, a rendermi euforica.

Il 4 ottobre uno dei controlli più importanti: l'effetto della radio è finito e, se qualcosa deve riaffacciarsi, lo farà adesso. Ho paura. Dopo una notte insonne il verdetto del controllo: fegato e polmoni sono puliti. Tiro un sospiro di sollievo: ce l'ho fatta, posso lasciarmi tutto alle spalle. È ancora dura, non posso ancora abbassare la guardia ma il combattimento è finito. I miei coach sempre al mio fianco. Io sono più lucida, ho riconquistato me stessa, la mia forza.

Arrivano tante telefonate di tutte le persone che anche a distanza hanno seguito il mio percorso. Dico a Silvia che dopo enne sedute di radioterapia e enne ore di chemio il mio corpo e la mia mente hanno debellato il cancro. Parliamo di una pianta, un grande fico beniamino che avevamo visto in un carretto in piazza sotto casa mia qualche giorno prima. Il pomeriggio stesso Silvia si presenta alla porta con la pianta. "Dobbiamo festeggiare." In quella pianta c'è tutta la mia storia e la mia rinascita. Inizio a curarla come se curassi me stessa, attenta nei mesi che non perda né foglie né vigore, spostandola dalla luce all'ombra, proteggendola dal troppo sole.

Il giorno in cui la pianta entrò in casa mia Silvia mi propose di entrare a far parte di un gruppo per l'ideazione di un programma di belle notizie.

Fin dalla prima riunione respirai un'aria carica di energia. Sicuramente tutti i presenti avevano avuto esperienze di dolore presente o passato nei campi più diversi e con forza e determinazione volevano trasmettere agli altri il senso di rinascita, il messaggio che "ce la si può fare". L'entusiasmo era palpabile, sentii con chiarezza che tutto parte dal cervello e se questo è impegnato e volto a un obiettivo l'energia che si riceve è un carburante prezioso, in particolare se l'obiettivo è condiviso. Era la prima volta che mi ritrovavo a parlare con persone diverse dai medici e quella prima riunione mi diede la forza di rientrare a far parte della vita "normale". Tornai a parlare di Tv, di programmi, di budget. In poche ore si riaffacciarono dentro di me tutte le esperienze accumulate in Mediaset e in RAI, le mille riunioni con Alda D'Eusanio la giornalista del Tg2. Costumi, idee, fare delle cose insieme: non c'erano più solo flebo, chemio e giorni d'attesa. Riflessioni ad alta voce, considerazioni condivise – "sì di sanità ne so qualcosa e anche di buona sanità devo ammetterlo" –, dibattiti accesi, risate a volte sino alle lacrime e persino qualche lacrima vera. Tornava a fluire la vita, tornava Federica a tutto tondo, positiva, solare, generosa, amante della vita, della buona tavola sempre con il sorriso sulle labbra e la battuta pronta da napoletana doc.

“Se allevierò il dolore
di una vita o guarirò
una pena o aiuterò
un pettirosso caduto
a rientrare nel nido
non avrò vissuto invano.”

Emily Dickinson

Federica Iorio ha lavorato in un’azienda di famiglia e ha vissuto sempre a contatto con il mare. Appena arrivata a Roma ha iniziato a lavorare in televisione; ama la musica, il mare, la natura.

La storia di Akela e la mia

di Matteo Armenali

“Non c’è nulla di più bello
che fare felice un proprio amico.”

Matteo è in cerca di “Un posto lontano dai centri urbani dove dare origine a un nuovo modo di vivere (che poi nuovo non è affatto) basato sul rispetto dell’esistente, sull’amore e sull’autosussistenza.”

La storia che sto per raccontarvi è davvero particolare. In primo luogo perché io, Akela, sono un cane. Una cagnolina per l'esattezza.

Secondo, perché questa storia non ha né un lieto fine né un tragico epilogo: è semplicemente una storia ancora in corso.

È cominciato tutto il giorno, quando ancora poppavo del buon latte dalla mia mamma, in cui uno strano essere, che poi ho scoperto non camminava su quattro zampe, si è avvicinato alla tana dove passavo le giornate insieme ai miei fratellini.

Tenevo ancora gli occhi chiusi, ma ricordo con precisione quell'odore particolare: non sapeva come la mia mamma e neanche come la terra e l'erba, sapeva di quelle cose che solo più tardi avrei identificato come sudore umano e fumo di stufa.

Ebbene, quel "coso" quella volta mi ha fatto una carezza.

La seconda volta che mi si è presentato era passato soltanto qualche giorno, ma io avevo aperto gli occhi e ho potuto identificarlo come una delle creature più strane che avessi mai visto: non aveva il pelo e non guaiva né ringhiava; parlava una lingua che non capivo, ma che sapevo esprimeva concetti dolci e d'amore.

Quella è stata la prima volta che ho guardato negli occhi un essere umano e si sa che gli occhi sono lo specchio dell'anima: quell'anima era bella e mi piaceva, era benevola e anche se non capivo il suo linguaggio mi comunicava affetto e sicurezza.

Da quel giorno Matteo è venuto a trovarmi sempre più spesso finché io, che abitavo nel buco sotto una stradina di campagna, ho cominciato ad andare a fargli visita visto che viveva a pochi metri dalla mia tana.

È stato lì che ho conosciuto Sissi, una lupa anziana che viveva con Matteo: è stata lei a insegnarmi tante cose sugli umani, nonché a educarmi a essere un cane rispettabile.

Eh sì, perché fattami un po' più grandicella, ho scelto di restare a vivere con loro, visto tutto l'affetto, le cure e la comprensione che dimostravano nei miei confronti.

Un giorno, mentre giocavo nella stanza, il mio fiuto è stato agganciato da un odore davvero singolare.

Odorava un po' di sottobosco e un po' di quella cosa che gli umani chiamano "metano".

Seguendo la scia sono arrivata a una strana pallina nera dalla superficie rugosa.

È stato allora che Matteo, chissà perché, mi ha premiata con un saporitissimo pezzetto di formaggio e mi ha fatto un sacco di complimenti e di coccole.

Qualche giorno dopo i miei sensi sono stati allertati nuovamente da quell'odore singolare, ma quella volta ero all'aperto e giunta al posto da dove proveniva la scia non ho trovato nulla. Molto semplice: quell'odore proveniva da sotto terra e la pallina nera voleva prendersi gioco di me. Ho iniziato a scavare finché ho realizzato che la mia deduzione era esatta ed è stato allora che Matteo mi ha nuovamente fatto percepire la sua felicità di fronte allo strano oggetto di cui solo più tardi avrei scoperto il nome: tartufo.

Quel giorno ho avuto conferma che a Matteo, che nel frattempo era diventato il mio migliore amico, i tartufi piacciono molto anche se, poverino, non ha un gran fiuto e non è capace di trovarli da solo.

Da allora quando andiamo per boschi, ogni volta che ne trovo uno glielo porto, perché non c'è nulla di più bello che fare felice un amico.

Ne sono successe di cose da allora. Ho girato i boschi dell'Italia in lungo e in largo e pensate sono persino andata in Polonia in autostop!

Un giorno la mia mamma adottiva, Sissi, si è addormentata e non si è più svegliata.

Quello che resta di lei non solo vive nei ricordi dell'umano ma anche in me e nel mio modo di vedermi anche ora che, a mia volta, sono diventata mamma di sette fantastici cuccioli che ormai si sono fatti grandicelli: hanno più di un anno che nell'età degli uomini equivale circa a sette.

A vivere con noi sono rimasti Anubi e Castagna, per cui ora possiamo definirci a tutti gli effetti un branco.

Anche loro hanno imparato a cercare i tartufi, che pare siano un alimento molto apprezzato dagli umani e non solo da Matteo, il quale lo scambia con altre persone per ottenere quei beni di prima necessità che non riesce a produrre da solo.

Sì, perché il mio umano è davvero un bravo contadino e ogni giorno impara sempre meglio come procacciarsi del buon cibo: ne sono veramente orgogliosa!

Un giorno, a una delle solite bancarelle, l'ho sentito parlare con passione ad alcune persone: i suoi occhi brillavano e parlava di certe cose che io non riesco bene a capire, ma che so che per lui sono davvero importanti.

È con queste sue parole, che sicuramente saprete intendere meglio di me, che vi saluto e chissà, magari prossimamente ci incontreremo in qualche bosco!

"A che cosa serve tutto quello che facciamo? Che cosa succede quando ci chiedete dei tartufi?

Credo sia chiaro a tutti quelli che ci conoscono che il contributo che ci date non viene usato per comprare un nuovo smartphone o un televisore, così come non viene sperperato in serate o vacanze.

Ben prima di entrare nel mondo dei tartufi mi sono reso conto che il modo di vivere dell'uomo occidentale non fa per me, risulta ai miei occhi profondamente sbagliato e mi causa un gran dolore.

Avendo inizialmente tentato di combattere l'odiato sistema, prima facendo informazione e poi con l'esempio di un vivere diverso, oggi mi sono arreso all'evidenza dei fatti: il nemico non solo dispone di armi ineguagliabili (l'informazione, l'economia) ma è addirittura in ognuno di noi, me compreso.

È con me quando faccio benzina, quando compro alimenti confezionati nella plastica e persino nei vegetali che mi capita di acquistare al supermercato, zeppi di fertilizzanti e insetticidi.

Bene, quello che penso è che di questo passo l'uomo distruggerà se stesso e la Terra ma... sorpresa: quando questo sarà successo la Terra comincerà a risorgere e a metabolizzare tutto il male che le è stato fatto.

Ora, essendo la vita breve e volendomela gustare appieno, ho elaborato un bel progetto che faccia star bene me e le persone/animali che amo, ma che allo stesso tempo sia d'esempio per chi vuole distaccarsi da un sistema malato: è la più grande arma che ho.

Abbiamo intenzione - e voi dovreste aver colto la determinazione che mi spinge - di trovare un posto nel mondo che sia di scarso interesse socio-politico per gli scellerati che governano il mondo, ma che allo stesso tempo fornisca terra, aria e acqua buone.

Un posto lontano dai centri urbani dove dare origine a un nuovo modo di vivere (che poi nuovo non è affatto) basato sul rispetto dell'esistente, sull'amore e sull'autosussistenza.

Un posto, soprattutto, dove sviluppare un sistema educativo che sia in grado di dare ai bambini una piena consapevolezza di se stessi, perché sono loro la chiave del futuro.

Perché non farlo qui, mi chiederete?

Perché questo continente è pericoloso e non credo che per l'umanità sia in arrivo un'epoca piacevole: qualunque progetto sarà portato avanti qui avrà in tempi brevi le gambe mozzate e io non voglio vedere vanificati gli scopi di una vita.

E nemmeno voglio perdere tempo a lottare contro quelle situazioni che il sistema ci pone davanti. La mia energia è volta verso un chiaro obiettivo e non lascerò che chi governa il mondo e manipola le nostre menti mi distragga con la paura, il terrorismo, la politica e la cronaca.

Per arrivare a questo esiste una rispettabilissima strada radicale, caratterizzata da un taglio netto dal sistema e da un abbandono della propria vita precedente.

La strada che invece mi sento di percorrere è una via di mezzo tra questa scelta e una transizione: ho deciso di usare le risorse del sistema contro se stesso.

Conosco l'agricoltura e senza esagerare vi dico che posso tranquillamente vivere in un bosco o in una grotta, così come non ho alcun problema a dormire su un marciapiede, ma quel tipo di vita *è esclusivamente e* perennemente volto alla propria sopravvivenza. A me invece piacciono anche l'arte (in particolare la musica), il gioco, l'amore e un pizzico di spensieratezza.

Quando ci chiedete un tartufo sappiate che ci state aiutando a trovare questo posto, perché effettivamente potremmo andare a cercarlo a piedi fin nel Borneo, ma ci vorrebbe una vita solo per arrivarci.

Vogliamo acquistare (*sì*, il capitalismo questa volta sarà volto al bene) un pezzo di foresta dove sviluppare questo vivere comunitario a impatto zero, facendoci carico della tutela della foresta stessa.

È un'utopia, direte voi, ma un'utopia è tale finché non viene realizzata. Quindi *sì*... bello il mondo dei tartufi ok, ma questo è solo l'inizio e vi ringrazio infinitamente per esserne partecipi."

"La lettura del libro di Lev Tolstoj *Il regno dei cieli è dentro di noi* mi guarì dallo scetticismo e fece di me un fermo credente nell'ahimsa: la non violenza."

Mahatma Gandhi

Tanto sognatore quanto determinato nel realizzare i propri desideri, Matteo Armenali ha 31 anni e vive a Bergamo. Sembra che l'idea di autosussistenza riesca a colmare in lui i vuoti esistenziali tipici dell'uomo moderno, per cui vive e coltiva nel bosco tentando di autoprodursi il più possibile. Una parte del ricavato della vendita dei tartufi che trova con l'aiuto dei suoi cani, è volta al finanziamento di Hashetic Front, l'etichetta discografica da lui fondata focalizzata su musica strumentale d'autore.

Una goccia di solidarietà

di Valter Catena

"...capimmo subito che tutte le forze che erano dislocate ad Amatrice per sostenere la popolazione avevano gli stessi problemi: partì così una catena di solidarietà… Noi soci, a turno, cucinavamo e servivamo quelle persone e il servizio andò avanti per alcuni mesi."

In questi ultimi anni sono ritornato spesso nella mia Retrosi, frazione di Amatrice. Anche in quell'estate del 2016 il mio pensiero ogni tanto andava al terremoto, perché ormai, pur convivendo con le piccole scosse che si susseguivano, avevo di frequente la sgradita sensazione di essere impotente davanti agli eventi.

Ricordo che ero a letto a dormire e che alle 3:36 la terra iniziò a tremare. Mi sembrava una di quelle scosse con le quali, con il tempo, si impara a convivere, ma poi quando si fece più forte e più lunga capii che questa volta avrebbe fatto grossi danni. Istintivamente mi gettai sotto il letto in attesa che il terremoto si placasse. Quando finalmente la scossa terminò, chiamai subito i miei parenti e uscimmo di casa tra polvere e calcinacci. Arrivati davanti al portone di casa, ci accorgemmo che questo non si apriva del tutto a causa dei calcinacci che si erano incastrati sotto. Come Dio volle uscimmo in strada e vedemmo l'inferno: polvere da tutte le parti, gente che correva in strada impaurita, pezzi di cornicioni, sassi per terra e grida di persone che chiedevano aiuto perché non riuscivano ad aprire il portone. Altre voci concitate sollecitavano tutti ad andare verso il Trasanna, il centro sociale del paese e il posto ritenuto più sicuro, visto che aveva resistito bene ai precedenti terremoti. Quando io e mia zia andammo verso il Trasanna, passando tra la chiesa e una casa lei mi bloccò perché aveva perso una scarpa e in quel preciso momento crollò una parte del muro della chiesa. Ricordo le urla di una donna che gridava di attendere e poi, una volta posatasi la polvere, di correre verso il Trasanna per il rischio di nuovi crolli. La fortuna volle che ancora una volta ci salvassimo la vita. Arrivati al Trasanna accendemmo il camino e alcuni prepararono bevande calde per rifocillare le persone impaurite e non ancora coscienti di quello che era veramente successo. Guardandoci constatammo che mancavano altre persone, così decidemmo di ritornare al paese. Riuscimmo a tirare fuori molti altri compaesani bloccati in casa, per cui alla fine, e per fortuna, non ci furono né morti né feriti.

La prima idea che mi venne in mente in quel momento era che ormai non avrebbe avuto alcun senso restare lì senza una casa: tutti i paesani si erano miracolosamente salvati e di Amatrice si sentivano solo le notizie trasmesse dall'autoradio di una vettura parcheggiata al centro sociale. Credo che ancora nessuno di noi immaginasse che cosa fosse veramente successo ad Amatrice. Presi quindi le cose più necessarie e tornammo a Roma.

Dopo qualche giorno decisi di ritornare su a Retrosi per recuperare qualche effetto personale lasciato nella fretta di mettermi in salvo. Accompagnato dai vigili del fuoco raccolsi un po' di oggetti e indumenti.

Alla fine, per ringraziare i vigili che si erano prestati con generosità e a rischio della propria vita visto che proseguiva lo sciame sismico, chiesi come potevo ringraziarli per quello che avevano fatto per me e per tutti gli amatriciani. Mi risposero che da molte ore non bevevano un caffè e che l'avrebbero gradito molto visto che ad Amatrice non era rimasto in piedi un solo edificio e quindi non c'era la possibilità né di bere un caffè né di comprare un pacchetto di sigarette. Allora li invitai a venire al Trasanna dove non solo avrebbero potuto bere un buon caffè caldo, ma avrebbero trovato anche le sigarette offerte dai soci fumatori che erano lì. Capimmo così che tutte le forze che erano state dislocate ad Amatrice per sostenere la popolazione avevano gli stessi problemi di pasti caldi, sigarette e caffè e questo fece partire una catena di solidarietà: i soci del centro sociale, portarono caffè, alimenti, sigarette, pane, stoviglie di plastica e il tutto veniva messo a disposizione di chi aveva bisogno di un pasto caldo. Noi soci, a turno, cucinavamo e servivamo quelle persone e il servizio andò avanti per alcuni mesi.

Non abbiamo mai chiesto soldi per quello che consumavano, sapendo che ogni giorno rischiavano la vita a causa dello sciame sismico in coscienza non avremmo potuto. Alcuni, tra vigili, poliziotti, operatori della protezione civile, guardie forestali, operatori di associazioni umanitarie, una volta ritornati a casa, si fecero promotori di donazioni che ci recapitarono. Oggi quelle donazioni sono state utilizzate per ristrutturare il Trasanna che diventerà un punto di riferimento molto importante per la futura ricostruzione del paese.

Come poter ringraziare queste persone per quello che hanno fatto in quel periodo? Non credo che si possa esprimere a parole quello che si prova di fronte ai tanti piccoli gesti giornalieri di eroismo. Per tutta la vita: infinitamente Grazie.

"Ho imparato che
le persone possono
dimenticare ciò che
hai detto, le persone
possono dimenticare
ciò che hai fatto,
ma le persone non
dimenticheranno mai
come le hai
fatte sentire."

Maya Angelou

Valter Catena ha lavorato presso un'industria elettronica e in banca. Sposato, ha due figlie e tre nipoti. Canta in un coro e recita in due compagnie teatrali amatoriali. Sopravvissuto al terremoto di Amatrice, si dedica a tener viva la memoria e le tradizioni amatriciane.

La Via dello Specchio

di Laura Polizzi

"Ho compreso che il mio viaggio di consapevolezza
è fortemente accompagnato dall'interazione Specchio,
Luce e Simbolo. Lo specchio diviene così il mio
Maestro, come affermò secoli fa lo stesso
Leonardo da Vinci."

Quello che ci accade nella vita assume un significato e un valore diversi quando ci impegniamo a osservare con occhi attenti. I segnali, una volta individuati, vanno seguiti con fiducia, perché sono loro che ci portano sulla via giusta. L'impulso a migliorare se stessi e a cercare il senso e lo scopo della propria vita mi accompagna da sempre. Durante i miei primi quarant'anni ho letto libri, ho frequentato gruppi di meditazione, seminari di crescita personale e di evoluzione spirituale, sperimentando varie tecniche con risultati in gran parte soddisfacenti, ma il segnale decisivo lo trovai inaspettatamente, come sempre accade.

Tutto iniziò quando Monica, conosciuta durante un seminario del Sistema Corpo Specchio, mi condusse nella Caverna di Platone, lo studio romano di Lorenzo Ostuni. Non avrei mai creduto che da quel momento in poi la mia vita sarebbe stata così piena di Luce.

Era una sera del gennaio 2009 quando mi recai in via degli Scipioni 175/A, con un gruppetto di amici. Con curiosa trepidazione, bussammo a un portoncino in ferro e scendemmo qualche scalino. Ci accolse un uomo sulla settantina dallo sguardo attento ed enigmatico. Lorenzo ci guidò in un luogo a noi sconosciuto composto da più stanze, una delle quali molto grande, con al centro un maestoso tappeto. La sua affabilità mi risultò subito familiare, la sua passione per i simboli era così coinvolgente che ne rimasi affascinata. Era evidente che nella sua vita il "mistero" era presente fin dalle sue stesse radici. Ci raccontò, infatti, di suo nonno Mariano, una sorta di sciamano lucano profondo conoscitore dell'"aruspicina", l'arte di osservare il volo degli uccelli e leggere le viscere degli animali. "Misteri" era anche il titolo di un fortunato programma televisivo, andato in onda su RAI 2 e RAI 3, di cui Lorenzo era stato autore e conduttore nella seconda metà degli anni Novanta.

Nella Caverna il tempo sembrò fermarsi. Il flusso dei miei pensieri si placò. Percepii qualcosa di nuovo, di magico. Dopo un po', attraverso la luce fioca, iniziai a scorgere oggetti, monili e pietre provenienti da culture di tutto il mondo. Un po' più in là vetrine, mensole e scaffali colmi di libri e di altri reperti misteriosi. Sulle pareti bianche alcune scritte di massime e di riflessioni di Lorenzo. Dalle copertine di alcuni volumi emergevano simboli alchemici e immagini arcane. In un angolo un leggio sul quale si ergeva il Libro Rosso di Jung. Respirai aria di antiche visioni sapienziali, il passaggio dal mondo della realtà letterale al mondo delle immagini. Al centro della sala-studio, una grande scrivania in legno con sopra testi, appunti e alcuni sistemi simbolici di sua creazione. Osservai estasiata quel posto e d'improvviso mi trovai completamente riflessa in un grande specchio poggiato alla parete. La meraviglia fu grande. Dallo specchio illuminato emerse la scena suggestiva di una dama a cavallo con in mano una spada. Sullo sfondo un'altra figura femminile, un cigno, uccelli in volo e in alto a destra un castello in fiamme nel quale s'intravedeva un teschio. Di quella scena fui osservatrice partecipante. Fu spontaneo, infatti, prendere parte a quel contesto in cui l'energia femminile conduceva una battaglia tra la vita e la morte.

Lorenzo ci raccontò della sua passione di intagliare simboli su qualsiasi materiale e di come il dibattito con il suo amico Fellini sull'aforisma "Il tao è quella cosa che specchia se stessa, mentre specchia l'altro" fosse stato determinante per iniziare a incidere su specchio. Successivamente ci esortò, con intenso fervore, a continuare la nostra "riflessione" anche in altri specchi. Abituata, ormai, alla luce fioca di quel sotterraneo, nella grande sala centrale vidi manufatti in metallo colorati appesi sulla volta del soffitto, ovunque specchi di varie fattezze e dimensioni disposti intorno alla stanza. Le immagini incise negli specchi si riflettevano tra loro con un gioco di rimandi infiniti. Al centro di quella sala di specchi guardai me stessa. Ciò mi fece sentire finalmente a casa. Avvicinarsi a quegli specchi fu come sfiorare l'anima luminosa e al tempo stesso molteplice di Lorenzo, un "giardiniere dell'Anima", come qualcuno lo definì dopo la sua scomparsa.

Fu uno tra quegli specchi a catturare la mia attenzione. Un'immagine complessa, formata da più elementi uno dentro l'altro. Uno sciamano dakota dentro una testa di corvo. Mi avvicinai un po' timorosa, ne fui completamente rapita e ne percepii la potente vibrazione. Lorenzo mi seguì, forse intuendo che cosa mi stava accadendo. Gli ipnotici occhi del corvo e le mani dello sciamano si sovrapponevano formando una sorta d'ali che mi esortarono ad aprire le braccia e a mimare il volo. Mi sentii leggera, come libera dal corpo e pronta a farmi condurre dallo sciamano per riattivare il legame spirituale con me stessa. Fu un attimo e vidi la mia immagine e tutto il mio Essere dentro lo specchio. Mi sembrò di galleggiare in un'atmosfera surreale, senza contorni, senza barriere di tempo e di spazio. Sentii in me il messaggio luminoso di raggiungere una più alta coscienza di Luce e Amore. Finita quella sensazione di smarrimento, il mio sguardo si rivolse verso Lorenzo che con un cenno del capo annuì soddisfatto. La percezione di quell'esperienza trascendente fu accompagnata dallo stupore della semplicità con cui si svolse. Fui scossa, ma al contempo felice di ciò che accadde. Fu qualcosa di rivoluzionario!

Rimanemmo ancora un po' a parlare e a contemplare la sua arte in grado di cogliere oltre il visibile anche l'invisibile. Giunse il tempo di andare, uscii da quel seminterrato completamente diversa e mi resi conto solo dopo che quella era stata la mia "Iniziazione alla Luce" attraverso gli specchi incisi.

Da lì a breve decisi di frequentare il corso di Biodramma, un percorso di autoconoscenza ideato e tenuto dallo stesso Lorenzo nei primi anni Novanta anche all'Esalen Institute, Big Sur (California). Grazie agli incontri settimanali tramite le vie del "conosci te stesso", "libera te stesso" e "realizza te stesso", sperimentai la bellezza dello "svuotarsi" per far posto ad altro. Scoprii l'infinita ricchezza del mio mondo interiore e i confini dei miei limiti. I suoi sistemi simbolici, le azioni biodrammatiche davanti agli specchi incisi e l'utilizzo dei simboli, con il tempo iniziarono a scardinare una serie di schemi e mi permisero di apprendere insegnamenti preziosi, indagando sul significato di una degenerazione all'anca limitante. Questo mi permise di potenziare la mia attitudine all'empatia. Il biodrammatista è, infatti, un mimo empatico.

Luce era un'altra delle parole chiave di Lorenzo. Sulla luce era basata la Mirror Therapy, ovvero "la Terapia della Luce" da lui stesso concepita. L'occasione per sperimentarla all'aperto si presentò grazie a un seminario organizzato nella suggestiva Valcamonica, un fine settimana di giugno del 2012. Desiderosa di provare gli specchi al sole, convinsi Ivano, mio compagno di vita, a partecipare a quell'evento originale. Il viaggio in auto verso nord, in compagnia di Lorenzo, fu già di per sé interessante e formativo. Il seminario durò due giorni - eravamo oltre cinquanta persone - e il racconto di ciò che accadde è un capitolo a sé. Lo scambio tra i partecipanti fu particolarmente intenso, tanto che con alcuni di loro iniziò una vera e propria amicizia e sinergia che continua ancora oggi.

Rientrati a casa dopo quei giorni catartici, una domenica di luglio feci a Ivano una richiesta che ritenevo inadeguata per Lorenzo: l'incisione della parola "Grazie" su uno specchio. Ciò lo colse di sorpresa, ma la mia insistenza provocò un'azione che determinò un fatale cambiamento per entrambi. Da quel momento in poi, Ivano manifestò, infatti, un'improvvisa e inaspettata abilità che lo trascinò verso l'arte incisoria su specchio. A piccoli passi veloci, produsse diverse opere incise raffiguranti simboli, animali e ritratti. A distanza di qualche mese, nel gennaio del 2013, grande fu la gioia e il piacere di Lorenzo nel vedere i primi specchi realizzati da Ivano. La sincera approvazione e l'incoraggiamento a proseguire superò il timore iniziale di mostrarli al maestro. Questi ci confidò anche che in tanti anni di incisione aveva avuto molti allievi biodrammatisti, tra cui i suoi due amati figli, ma nessuno che avesse sentito il desiderio di incidere. In poco tempo, invece, Ivano e un'altra ragazza di fuori Roma, quasi in contemporanea, iniziarono a praticare quest'"arte peregrina", come Lorenzo la definiva.

Cercai di capire che cosa mi stesse suggerendo la vita. Mi si dava l'opportunità di sperimentare con gli specchi anche fuori dalla Caverna. Iniziai, così, a utilizzarli con piccoli gruppi di persone curiose e interessate a questo strumento di consapevolezza, sorprendendomi ogni volta della loro efficacia. Fu nell'agosto del 2013 che io e Ivano ideammo e conducemmo con gli amici di Feltre, conosciuti al seminario di Lorenzo l'anno prima, l'esperienza "Frequenze Planetarie". Alle tre "esse" della Mirror Therapy - Sole/Specchio/Simbolo - come la concepiva Lorenzo, ne aggiungemmo una quarta, quella del Suono.

Per l'occasione, prima di partire nuovamente verso nord mostrammo a Lorenzo e a sua moglie i primi quattro specchi della serie planetaria incisi da Ivano e fummo onorati del prezioso dono che ci fecero: una pietra di lapislazzuli con simboli di protezione incisa dallo stesso Lorenzo.

Quella sul Monte Grappa fu un'esperienza vibrante e illuminante. Tamburi sciamanici, gong planetari, campane di cristallo e tibetane disposti l'uno di fronte all'altro formavano un sentiero, un "Biodromo", come lo definiva Lorenzo. I partecipanti dovevano entrare in quel corridoio sonoro, immersi nel suono universale e nella luce degli Specchi Planetari, appositamente ideati. Quella prima esperienza dette risultati straordinari. Fu un coinvolgimento totalizzante nella luce e una ascesa libera e rigenerante per tutti noi. Tanto che negli anni a seguire continuammo a sperimentare con i gong e gli specchi incisi, anche in modalità indoor.

Confortati dall'interesse suscitato tra i partecipanti già dai primi seminari, io e Ivano fummo spinti dal desiderio di esplorare quest'originale percorso evolutivo. Ritagliandoci del tempo dalle nostre reciproche attività lavorative, ideammo e realizzammo alcuni laboratori sperimentali e seminari innovativi che ci fornirono nuovi spunti di riflessione. Tra questi, nel 2016, l'interazione degli specchi incisi con uno strumento usato da millenni nell'arte della conoscenza di sé: il Labirinto. La proposta venne da una ragazza che aveva conosciuto Lorenzo, appassionata del Sentiero Sacro del Labirinto come pratica spirituale. Ci furono una serie di coincidenze che non potemmo fare a meno di notare. Da subito fu di buon auspicio il nome del luogo dove si svolse: “Parco Cristallo”, la cui proprietaria, pur non conoscendo personalmente Lorenzo, aveva già letto i suoi libri. Incuriosita dagli specchi incisi, ci accolse con entusiasmo. Inoltre, fu sorprendente la presenza del labirinto in dimensione naturale, come quello della cattedrale francese di Chartres. Lo strumento necessario al nostro seminario. Per due anni consecutivi “Il Labirinto e lo Specchio” furono “percorsi di luce e di coscienza” all’interno di questo meraviglioso parco alle pendici della Val Conca, il cui motto è “Dove il mondo invisibile avrà la massima visibilità”.

Oggi, guardando indietro, mi rendo conto di quanto sia cambiata la mia vita. Sebbene ci siano tanti strumenti per conoscere e trasformare se stessi, lo specchio, seppure oggetto d’uso comune, è poco riconosciuto per le sue enormi potenzialità. Ho compreso che il mio viaggio di consapevolezza è fortemente accompagnato dall’interazione Specchio, Luce e Simbolo. Lo specchio diviene così il mio Maestro, come affermò secoli fa lo stesso Leonardo da Vinci.

Lo Specchio si manifesta con la Luce, eppure ha bisogno del conforto dell’Ombra per dispiegare la sua azione sottile. Il nostro mondo non esisterebbe senza la Luce. Lo capirono i faraoni che proprio della luce fecero il dio supremo. La luce ci dà l’energia vitale e lo specchio la moltiplica, la diffonde nello spazio creando un campo energetico nuovo che ci investe e ci trasforma. Citando Lorenzo: “Lo Specchio è Luce. Lo Specchio Inciso è Luce Cosciente.”

Il Simbolo ha la capacità di ricostituire in noi il terreno primordiale della conoscenza, la rappresentazione. Citando ancora Lorenzo: “L’uomo ragiona per segni, Dio per simboli. Entrare nel simbolo ci porta oltre la paura; con il simbolo non siamo più sugheri che galleggiano nell’oceano infinito”. L’immagine simbolica, dunque, ci riunisce e ci apre a un mondo più vasto e più vero. Nel simbolo possiamo calarci per riconoscere una visione del mondo; il simbolo ci permette di rivivere e di riappropriarci del continuo fluire. Non siamo noi a inventare i simboli: essi preesistono alla nostra mente individuale, sono universali, sono le strutture stesse della natura divina che ci crea. Accediamo al messaggio e al significato del simbolo quando diventiamo vasi vuoti e ce ne lasciamo riempire. Tutto in natura può essere un simbolo per noi se affiniamo le nostre percezioni spirituali. Attraverso i simboli si accede al mondo dell'immaginario, come il linguaggio verbale non può fare. Come amava definirli Lorenzo, infatti, i Simboli sono:

LA MASSIMA ENERGIA NELLA MINIMA FORMA.
LA MASSIMA LUCE NELLA MINIMA OMBRA.
LA MASSIMA PACE NEL MINIMO CONFLITTO.
LA MASSIMA UNITÀ NELLA MINIMA DISPERSIONE.
IL MASSIMO AMORE NEL MASSIMO STUPORE.

Porto nel cuore gli insegnamenti di Lorenzo che continua a manifestarsi nei tanti incontri di chi lo ha conosciuto anche solo per una volta, ma di cui ha un ricordo indelebile. Tutto è interconnesso. Quando un individuo fa uno sforzo trasformativo ed evolutivo, questa informazione entra nel campo psico-spirituale dell'umanità, contagiando in forma positiva la collettività.

Oggi alcuni artisti, ispirati dalle sue ricerche e affascinati dall'arte incisoria, tra cui lo stesso Ivano, si stanno autonomamente "cimentando" con lo specchio. Grazie a questo ho l'opportunità di andare avanti per questa via, la Via dello Specchio, non già per seguire il sentiero battuto, ma per trovare il mio. Confido in quel "sapere interiore" che ci aiuta a essere al posto giusto nel momento giusto, così che il flusso benevolo della sincronicità possa portarci là dove siamo destinati a essere.

Ho nel cuore il ricordo della mano di Lorenzo che mi saluta davanti al portone di casa sua, quella sera di fine novembre dopo l'ultimo incontro di Biodramma. Fu un meraviglioso regalo d'addio. Un fatale malore lo colse improvvisamente il giorno dopo e lo allontanò da tutti noi il 7 dicembre 2013.

“L’acqua che tocchi de’ fiumi è l’ultima di quella che andò e la prima di quella che viene. Così il tempo presente.”

Leonardo da Vinci

Laura Polizzi vive a Roma. Laureata in Comunicazione. Interessata alla crescita personale che approfondisce con studi e discipline, tra cui: *Guarire con il sistema corpo specchio*, di M. Brofman; *Manuale illustrato del Reiki*, del dott. M. Usui e “Che cos’è il Biodramma” di L. Ostuni. Conduce seminari di Mirror Experience e tiene conferenze sullo Specchio Inciso come strumento evolutivo.

La resistenza oltre le montagne

di Sergio Desiderati

"...il pensiero dei genitori lontani che non sapevano più nulla di lui quasi ventenne strappato alla sua casa e ai propri affetti per andare a imbracciare un fucile e a combattere un nemico che non aveva cercato, a combattere contro un altro uomo solo perché portava una divisa di un colore diverso."

"È l'inizio della storia, vera, di uno dei circa 700.000 I.M.I., gli Internati Militari Italiani, che durante la Seconda guerra mondiale vennero abbandonati al loro destino in terra straniera, schiavi della Germania nazista."

"C'era una volta...".

Da bambino sentivo spesso mio padre iniziare così una storia. Seduto accanto al mio letto, quante volte mi aveva raccontato di re e regine, di boschi incantati, di fate e maghetti capricciosi e di molte altre cose mentre mi accarezzava i capelli.

Poi un giorno le sue belle storie si fecero tristi come i suoi occhi mentre mi raccontava.

Ero cresciuto: lui non stava più seduto accanto al mio giaciglio ma ero io ai bordi del suo letto di dolore. Certo, gli anni erano passati e la vecchiaia aveva portato con sé i suoi malanni, retaggio di una dura vita di lavoro in quei campi che l'avevano visto nascere e dai quali mai si sarebbe staccato perché erano stati la sua vita e ora avrebbero dovuto essere i testimoni dei suoi ultimi anni, forse dei suoi ultimi giorni.

Ma il dolore, lancinante, che lo colpiva ormai da tempo veniva da lontano. Erano i ricordi della sua gioventù, i ricordi del periodo più buio della sua esistenza, di quella di tutta la sua generazione e della generazione che l'aveva preceduta. I ricordi del periodo della guerra, dei bombardamenti, della prigionia, il pensiero dei genitori lontani che non sapevano più nulla di lui quasi ventenne strappato alla sua casa e ai propri affetti per andare a imbracciare un fucile e a combattere un nemico che non aveva cercato, a combattere contro un altro uomo solo perché portava una divisa di un colore diverso. Un ragazzo come lui, anch'egli scaraventato dal fanatismo di pochi in una battaglia per la vita che alla fine avrebbe sicuramente decretato un vincitore, ma dalla quale tutti sarebbero comunque usciti sconfitti.

E il ricordo partiva sempre da quell'avviso che un addetto gli aveva consegnato un giorno. Era passato tanto tempo e la memoria non sempre rispondeva alle sollecitazioni. Il giorno esatto era caduto nell'oblio ma l'anno no: era il 1943 e lui, classe 1924, aveva 19 anni. Un'età in cui i giovani, sicuramente impegnati già nel lavoro in quegli anni, dovrebbero anche pensare a momenti di divertimento, alle ragazze, al futuro.

Quell'avviso invece negava il futuro o perlomeno lo sospendeva, o così si sperava. Quel piccolo foglio di carta era la chiamata alle armi nel bel mezzo della Seconda guerra mondiale.

Il ricordo, troppo triste, troppo incatenato al passato si perdeva, o meglio lui voleva che si perdesse temendo che altri un giorno avrebbero sofferto le stesse disgrazie. Come può l'uomo immaginare di uccidere un altro uomo? E perché? Per chi?

Ma il bambino ora voleva sapere. Ecco allora le pagine ingiallite di un piccolo quaderno, scritte a mano, nel silenzio e nel buio di una baracca facendo attenzione che nessuno lo vedesse: sarebbe stata la fine. Tuttavia quelle atrocità dovevano essere raccontate; prima di tutto per se stesso e i suoi compagni di pena e poi per altri, altri immaginati, altri che dovevano sapere, altri che mai avrebbero dovuto trovarsi in quelle situazioni.

Anche il quaderno faticava ad aprirsi. Come non correre inevitabilmente con il pensiero alle immagini di guerra, distruzione e morte che ogni giorno ci vengono proposte sullo schermo e che percepiamo quasi come un film con il pericolo che, appena scorte, ci scivolino via? Intere città distrutte, sopravvissuti senza futuro che forse si chiedono perché siano ancora lì a vivere quei tormenti. E purtroppo c'è chi da qualche parte a fine giornata stila le proprie statistiche di morte sicuramente augurandosi di far meglio l'indomani. E ancora: le nostre strade bagnate di sangue. A Parigi come a Nizza, a Berlino come ad Aleppo o nella Ghuta, in Palestina come in Israele, al nord, sud, est o ovest del mondo.

Quel diario mi viene porto; lo apro.

"Mi trovavo sul monte Cum a fare il soldato…". Sono queste le prime parole di un racconto nel quale ora ho paura a inoltrarmi. "La mattina del 9 settembre 1943 siamo stati attaccati dai tedeschi facendola a schioppettate per cinque ore continuative." Il giorno prima, 8 settembre 1943, era stata annunciata dal maresciallo Pietro Badoglio l'entrata in vigore dell'armistizio di Cassibile con gli angloamericani firmato il 3 settembre.

Ragazzi di 19 o 20 anni si trovarono così, improvvisamente, a non sapere più nulla; a non sapere nemmeno chi fossero e che cosa stessero facendo. E non solo loro, ma anche molti fra quelli che comandavano.

Continua il diario: "Poi (dopo le cinque ore di combattimenti) arrivò l'ordine dal nostro comando supremo di consegnare le armi ai tedeschi. E così si ubbidì. Venimmo subito portati a S. Lucia, in provincia di Gorizia, e là rimanemmo per tre giorni senza mangiare e la notte dormendo per terra all'aperto. Domenica 12 settembre alle 10 di sera fummo imbarcati su un treno per andare in Italia, o almeno così ci avevano detto. E invece alle 5 del mattino successivo arrivammo in Austria in un campo di concentramento dove si trovavano già circa 4.000 italiani. Alle ore 8 della sera stessa ci inquadrarono e con guardie tedesche ben armate ci portarono di nuovo alla stazione dove eravamo smontati il mattino. Da li si partì per destinazione ignota. Arrivammo in Germania, ma il treno continuò a correre attraverso tutto il Paese. Arrivati in Romania attraversammo la Romania. Arrivammo in Polonia e attraversammo la Polonia. Giungemmo nella Prussia orientale. E dopo 144 ore di viaggio con un treno velocissimo, finalmente ci fermammo. Una volta smontati fummo nuovamente inquadrati e dopo quattro ore di cammino fummo condotti in un grosso campo di concentramento dove erano presenti tutte le razze umane d'Europa. E dopo quattro giorni, solo di italiani in quel campo eravamo circa 25.000. A quest'ora mi trovavo a circa 4.000 chilometri da casa mia, dai miei genitori. E questi erano dolori per me."

Non è una lettura facile. A mio padre, a ogni parola si inumidiscono nuovamente gli occhi. Sono passati ormai quasi sessant'anni e ogni punto, ogni virgola di quel diario sono come stilettate. E mentre lo guardo capisco perfettamente che quello scritto non racchiude che una piccola parte di ciò che dovettero subire quei giovani in anni di durissima prigionia. Considerati traditori, presi continuamente a botte, lasciati a marcire con scarsissimo cibo in paglericci infestati dai pidocchi, costretti a cibarsi della poca erba che cresceva ai bordi del campo nel tentativo di far tacere lo stomaco ormai stanco di lamentarsi per i morsi della fame di ragazzi di vent'anni. E coloro che ritornarono nelle proprie case furono fortunati. Ma quanti ne videro morire? Che cosa passava loro per la mente? Quali immagini tremende si sono conservate?

È l'inizio della storia vera di uno dei circa 700.000 I.M.I., gli Internati Militari Italiani che durante la Seconda guerra mondiale vennero abbandonati al loro destino in terra straniera, schiavi della Germania nazista. Chi riuscì a ritornare in Italia fu dimenticato per opposte ragioni: c'era chi li considerava traditori per non aver vestito la divisa nazifascista, chi temeva che quella loro "prima resistenza" oscurasse le gesta di chi aveva imbracciato le armi per la libertà. La loro fu una "resistenza oltre le montagne"; loro alle svariate profferte dei nazisti avevano sempre risposto "no" e quel no aveva contribuito ad accorciare quel conflitto e a consegnarci un mondo migliore. Un mondo che ha bisogno ancora di quei no per limitare le troppe aree di guerra, i rigurgiti di violenza e ridare un senso pieno alla vita dell'uomo.

“Le due parole più brevi e più antiche, sì e no, sono quelle che richiedono maggior riflessione.”

Pitagora

Sergio Desiderati, nato a Guidizzolo (MN), dove vive. Formazione classica, giornalista pubblicista, direttore responsabile del settimanale “Il Gazzettino nuovo”. Dopo lavori in diverse attività agricole e artigianali, per oltre trent’anni, funzionario in Ente pubblico nel settore Tributi e Servizi alla Persona.

A scuola di buone notizie

di Simona Sau

"…il bene ha colori sgargianti e luminosi,
il bene educa e rende migliori."

"…le buone notizie stimolano sorrisi,
avvicinano agli altri, fanno bene al cuore."

È una bella giornata di sole e a scuola suona la campanella delle 8:15.

In un tripudio di zaini colorati, libri, cartelle e occhietti vispi, una volta in aula alcuni bambini si avvicinano alla cattedra. "Maestra, sapessi che cosa ho sentito ieri al telegiornale" irrompe con veemenza Gaia, facendo dondolare la coda ricciolina. "Maestra ma perché ci sono uomini cattivi che uccidono altri uomini?" dice Marco il filosofo della classe.

"Si, è proprio così" prorompe Federico "a volte uccidono anche i bambini. L'ho sentito ieri alla Tv." "Sì, si vedeva tutto il sangue sparso per la casa sai?" aggiunge Martina con lo sguardo preoccupato. "C'erano anche uomini incappucciati con i coltelli in mano" fa eco Vittoria. "Sì, li ho visti anch'io: sono quelli dell'Isis, li ho visti al Tg" risponde Samuele.

E adesso che fare? Come reagire e rispondere a quei volti dolci e spaventati?

Certamente come maestra darò le spiegazioni del caso, tranquillizzerò i miei bambini, cercherò di consolarli o sdrammatizzare ma non potrò mai cancellare le immagini che si sono impresse nella mente dei miei alunni.

E allora? E allora basta. Non è possibile andare avanti così, continuando impunemente a dare spazio al male e soffocare il bene, amplificando crimini e volgarità e considerando le cose buone inutili, banali, smorte e, quel che è peggio, incapaci di dare emozioni.

Perché in realtà il bene ha colori sgargianti e luminosi, il bene educa e rende migliori.

Il mondo dell'informazione deve fare un esame di coscienza, deve cambiare rotta, perché sta formando generazioni abituate alla violenza, ai toni aggressivi, al turpiloquio e all'indifferenza.

Nasce così con questo obiettivo il progetto scolastico "La buona notizia", progetto del IX Istituto comprensivo di Padova, che mira a coniugare i valori alla comunicazione e che, come prima attività, ha proposto la realizzazione di un "Telegiornale delle buone notizie", completamente redatto dai bambini di classe quinta delle scuole Ricci Curbastro e Oriani.

L'iniziativa nasce dunque sul campo, dall'esperienza diretta dei ragazzi e vuole sfatare il mito per cui oggi per aver successo nella vita, per apparire, per esserci sia necessario comunicare violenza, volgarità, aggressività come sembra emergere sempre più prepotentemente dai mass media.

I piccoli padovani, come giornalisti in erba, sono andati così alla ricerca di gesti d'amore, amicizia e solidarietà: salvataggi insperati, iniziative sociali particolari, storie di animali, personaggi dello spettacolo che d'improvviso cambiano vita e si dedicano agli altri, ma anche di tante notizie simpatiche e originali dall'interno del loro piccolo mondo scolastico, come il servizio fotografico del matrimonio dell'insegnante di sostegno, degno di un vero rotocalco di cronaca rosa, le storie di alcune docenti venute dal Sud al Nord per cercare un posto di lavoro e costrette a lasciare anche mariti e figli piccoli pur di trovarlo, bambini della scuola con bellissime storie di affido e adozione da raccontare.

Tutte vicende a lieto fine raccontate in un corposo telegiornale di venti minuti, fatto di notizie, interviste, approfondimenti, narrati con spigliatezza e freschezza da bambini che hanno anche fatto simpatiche imitazioni di giornalisti famosi come Bruno Vespa, Enrico Mentana, Lilli Gruber, strappando qualche sorriso.

Ecco allora la vicenda della bimba di Varese, salvata in extremis dai vigili del fuoco dopo essersi chiusa per caso nella cassaforte di una banca o quella del pappagallino Dennis incastrato tra due antenne su un tetto e portato in salvo tra gli applausi della folla accorsa.

I bambini si sono spinti anche oltre i confini nazionali raccontando per esempio che Michelle Obama, l'ex first lady statunitense, si è adoperata perché il cibo dei ristoranti non sia più buttato via o quella dello zio di un'alunna padovana, cameriere all'interno delle Torri Gemelle e licenziato due giorni prima dell'attentato e quindi miracolosamente scampato alla strage.

Uno sguardo pure alle notizie di conversioni particolari come quella del cantante Nek e, per restare in tema, la storia di una giovane padovana di vent'anni guarita inspiegabilmente da una terribile malattia a Medjugorje.

Un telegiornale insomma così ricco e variegato che alla fine i bambini si sono resi conto che non sapevano più dove mettere le buone notizie.

C'è però chi, anche in Tv, ha capito tutto questo e che piano piano con grazia, professionalità e discrezione, si è ritagliato da qualche tempo uno spazio costruttivo e positivo da cui i bambini di Padova hanno preso spunto per il loro progetto: la trasmissione del Tg2 Tutto il bello che c'è, la cui ideatrice, Maria Grazia Capulli, la bella e preparata giornalista dallo sguardo dolce e dallo smagliante sorriso, per fatalità è scomparsa il giorno stesso, il 21 ottobre, in cui il lavoro scolastico è stato presentato alla preside, la dottoressa Enrica Bojan.

Tutto ciò è stato interpretato come un segno, il messaggio che il bene deve cercare di espandersi sempre più e così la buona notizia le è stata dedicata.

Gli alunni delle scuole Oriani e Ricci Curbastro hanno scritto alla RAI raccontando del loro lavoro, per cui l'iniziativa, a dispetto di tutto e tutti, ha fatto notizia conquistando anche l'attenzione di giornali di spessore come "Avvenire" e il "Corriere della sera", è approdata anche a Telegenova con una diretta telefonica di tredici minuti che ha descritto il progetto nella trasmissione di Dino Frambati, editorialista ligure.

Essere poi invitati alla RAI nella rubrica di Silvia Vaccarezza è stato meraviglioso, il culmine della soddisfazione, il coronamento di tante fatiche, in quanto ha reso più tangibile quella sferzata al mondo dell'informazione che desideravano dare: la foresta rigogliosa ha fatto più notizia di tanti rami che cadono.

La buona notizia ha dunque anche rafforzato le relazioni interpersonali, ha fatto comprendere che in ogni essere umano c'è una bella storia da raccontare e che le buone notizie stimolano sorrisi, avvicinano agli altri, fanno bene al cuore e soprattutto creano emulazione positiva, stimolano un circolo virtuoso di pensieri, progetti, atteggiamenti.

Il lavoro dei bambini è stato molto intenso, con tanto di visite alle redazioni dei giornali della città veneta per comprendere meglio il mestiere delicato e complesso del giornalista e ha spaziato anche in altri ambiti come quelli della danza e della musica con la realizzazione del Cantico dei media, un inno gioioso che invita a usare bene e per il bene i mezzi di comunicazione.

Ci auguriamo che il mondo dell'informazione faccia tesoro di questo invito e si unisca a genitori, docenti ed educatori per rigenerare completamente i valori più importanti: la buona educazione, l'empatia verso il prossimo, la benevolenza, il rispetto, la tensione verso l'armonia e la pace del cuore. Tutto ciò va riaffermato perché sprigioni l'energia che contiene.

La buona notizia ha attuato una sorta di capovolgimento dei ruoli: qui sono stati i piccoli a educare i grandi perché i grandi, duole ammetterlo, hanno fallito nel ruolo di educatori, non sono stati figure forti, di riferimento, non sono riusciti a trasmettere la consistenza e il profumo dei valori.

E nell'era del digitale i nostri figli parlano e comunicano attraverso i mass media che, se non sono usati con coscienza e consapevolezza, creeranno adulti frustrati e individualisti, incapaci di autentiche relazioni umane. Tutta la comunità civile è chiamata a un ruolo di vigilanza sulla forza pervasiva dei mezzi di comunicazione.

Questo è il messaggio dei bambini di Padova: non è troppo tardi per adottare un sano utilizzo dei mass media e per comunicare il bello è il buono che c'è, per cercarlo sempre e per diffonderlo con convinzione.

“Fa più rumore
un albero che cade
di una foresta
che cresce.”

Lao Tzu

Simona Sau è laureata in Lettere con indirizzo filologico e ha conseguito il magistero in Scienze religiose. Giornalista pubblicista dal 1994, ha lavorato in Tv, per testate locali e nazionali e come corrispondente di Verissimo (Mediaset). Insegna in una scuola secondaria di primo grado a Padova. È sposata e ha tre figli.

Premio Buone Notizie vent'anni dopo

di Luigi Ferraiuolo

"...il mondo ha bisogno di energia nuova e di vedere quell'arcobaleno e quella serenità che è sempre presente oltre le nuvole di ogni tempo."

"

"Non possiamo più essere il Paese di Gomorra o di Setola, ma soprattutto i colleghi devono raccontare tutto il bello che c'è."

"

"Dobbiamo fare un Premio, come se fosse un'opera d'arte che resta e fa il giro d'Italia e del mondo."

Dieci anni fa, il 18 settembre 2008, un killer del clan dei casalesi, Giuseppe Setola, insieme ad altri quattro assassini uccise sette persone a Castelvolturno nel casertano. Da due anni il casertano era diventato la terra di Gomorra, il regno del temibile e sanguinario clan dei casalesi, che Roberto Saviano aveva di fatto reso famigerato con il suo primo saggio. Un libro che aveva avviato un processo di contrasto pubblico alla camorra, in realtà partito in silenzio, senza mai conquistare la cronaca nazionale, con il martirio di don Peppe Diana.

Cresciuto nel mondo dell'associazionismo cattolico da un lato e in quello dell'obiezione di coscienza dall'altro, m'interrogavo spesso e da tempo su come evitare al casertano i marchi infamanti dei luoghi comuni mediatici, che aggiungono altro sangue virtuale a quello già versato dalle mafie. Macchie più durature del rosso sangue umano. Al contempo ero consapevole della forza evocatrice delle buone notizie su cui ragionavo da giovane giornalista. Immaginavo che le good news fossero capaci di cambiare i paradigmi dell'informazione e offrire una speranza al giornalismo, raccontando quello che di buono accade nella società. Al contrario di quello che si faceva e si continua a fare.

In quegli anni Caserta viveva una vera e propria rivoluzione civile ispirata dal vescovo di allora, monsignor Raffaele Nogaro, che aveva combattuto battaglie importanti per i diritti civili della gente comune e contro il malaffare. Eravamo tutti convinti che impegnandoci potevamo cambiare il mondo. In realtà è tutto molto più difficile di come appare, ma i semi sparsi in quegli anni stanno maturando, anche con l'aiuto dei pastori illuminati che ha avuto la Chiesa di Caserta: monsignor Pietro Farina e ora monsignor Giovanni D'Alise (per un anno anche monsignor Angelo Spinillo), che sostengono e portano avanti il cammino della comunità.

In quella temperie decisi che dovevamo creare un Premio Buone Notizie destinato ai giornalisti che comunicano bene, che raccontano con serietà quello che vedono. Colleghi che se devono scrivere un pezzo sulla camorra casalese, vengono a Casal di Principe e vi rimangono due o tre giorni, prima di pubblicare.

Il Premio avrebbe indirettamente portato a Caserta i premiati: se non si partecipa alla manifestazione non si ha diritto al riconoscimento. L'idea era che venendo in città i vincitori avrebbero cominciato ad acquisire una nuova prospettiva della nostra terra. E il fatto stesso di voler organizzare qualcosa a Caserta, in maniera intelligente e professionale, era una buona notizia e comunicando le buone notizie il Premio faceva un dono all'Italia: la dinamica era identica. Ne eravamo consci, perché promuovere le buone notizie nel giornalismo significa rivoluzionare i suoi dogmi. Il nostro Paese aveva e ha bisogno di fiducia e soprattutto di esempi positivi e concreti. Perché non è vero, come finora si è insegnato, che fa notizia il padrone che morde il cane: fa notizia anche il cane che salva il suo padrone. Noi ne siamo intimamente convinti.

L'idea era nata per dissipare l'atmosfera plumbea che si respirava in città, divenire un punto di riferimento nazionale nei media, fare di Caserta un centro di riflessione di altissima qualità. Come? In diocesi già da tempo si organizzava, tra l'Ufficio Comunicazioni Sociali diocesano, l'Ucsi Caserta e l'Associazione Stampa presieduta da Michele De Simone allora capo della locale redazione de "Il Mattino", la festa di san Francesco di Sales. Il vescovo Nogaro aveva abbinato alla messa nella Cappella del Seminario, più nota come Cappella dei giornalisti, una piccola agape fraterna su nostro suggerimento. Potevamo costruire sulle pietre che avevamo già consolidato.

"Dobbiamo fare un Premio Buone Notizie. Ci penso da tempo: la messa, e l'agape fraterna, il pranzo non bastano più. Ci serve qualcosa d'altro. Qualcosa che non ha nessun altro, che faccia riflettere, che diventi pietra di scandalo. Solo noi quaggiù a Caserta possiamo farla" dissi a De Simone.

"Ma dei dibattiti, dei seminari?" replicò il presidente dell'Assostampa di Caserta.

"No! Dobbiamo fare un Premio, come se fosse un'opera d'arte che resta e fa il giro d'Italia e del mondo. E ogni anno fa riflettere su un particolare, anche piccolo. Dobbiamo capovolgere l'informazione per noi e per il mondo. Non possiamo più essere il Paese di Gomorra o di Setola, ma soprattutto i colleghi devono raccontare tutto il bello che c'è."

"Proviamo" concluse lapidario De Simone.

L'Assostampa si offrì subito di reperire i fondi necessari. Il Premio sarebbe stato una scultura in bronzo fusa ogni anno da un grande scultore e che non sarebbe mai cambiata. Un marchio distintivo, oltre che un oggetto d'arte, che sarebbe diventato un'icona di qualità assoluta in Italia e all'estero. Fu subito chiaro che lo scultore sarebbe stato don Battista Marello, artista di fama nazionale e per di più sacerdote. Questi realizzò una scultura che rappresentava la buona novella evangelica imperniata sulle fondamenta di Caserta, la medievale Casa Hirta. Anche il Premio sarebbe stato imperniato su Caserta: lo chiamammo Premio Buone Notizie Civitas Casertana. A monsignor Nogaro l'idea piacque in toto e ci benedisse subito. "Attingiamo dai fatti non solo il negativo ma anche la bellezza e tutto ciò che di positivo c'è, perché il mondo ha bisogno di energia nuova e di vedere quell'arcobaleno e quella serenità che è sempre presente oltre le nuvole di ogni tempo" aveva appena ricordato durante un'omelia della messa per i cronisti. "I giornalisti sono testimoni ma anche educatori."

E con tutti gli altri vescovi la tradizione è continuata. Ora grazie al sostegno di monsignor D'Alise l'abbiamo raddoppiata. Ogni anno in maggio il Premio avrà un'altra edizione dedicata ai giovani studenti che hanno realizzato un'inchiesta videogiornalistica. "Le buone notizie sono una strada formidabile per costruire il futuro" ha spiegato durante un Premio monsignor Giovanni D'Alise, che in questi anni ci sta seguendo come fossimo un suo figliolo, "per costruirlo diverso e migliore rispetto al passato. Da giornalisti spesso releghiamo le notizie positive a brevi di cronaca. Sono invece una speranza. E la speranza è l'ultima cosa a morire nella vita. Anzi non muore mai. È il nostro anelito più forte."

Dopo dieci anni, il Premio ha cambiato vita. È cresciuto, vuole continuare a farlo e celebra il decennale.

Nel 2014 c'è stata l'altra tappa, l'altro cambiamento di marcia, la seconda rivoluzione.

Decidemmo di premiare l'impegno del "Corriere della Sera", allora diretto da Ferruccio De Bortoli, per la divulgazione di buone notizie, attraverso il blog multiautore intitolato per l'appunto "Buone Notizie". Quando parlai al telefono con il direttore, questi ne fu subito entusiasta e facemmo una bellissima chiacchierata. Mi disse subito che il Premio, in realtà, lo meritava Gian Giacomo Schiavi, l'inventore del blog. Approvammo l'idea. Poi De Bortoli ebbe un contrattempo dell'ultimo minuto e Schiavi fu l'ospite d'onore della serata da par suo. Lì nacque quella che noi definiamo un'amicizia e una stima profonda nei suoi confronti. Quella sera e nei giorni successivi prese forma l'idea della "Buona notizia dell'anno" che realizzammo dall'edizione successiva. È l'esempio concreto di ciò che intendiamo per giornalismo. Un bellissimo impegno per noi che segna l'inizio della maturità del Premio.

Il penultimo cambiamento è avvenuto quando abbiamo scoperto Tutto il bello che c'è. Il programma ideato da Maria Grazia Capulli e Silvia Vaccarezza era un termine di paragone per chiunque volesse occuparsi di buone notizie. Maria Grazia non c'era più, ma decidemmo di premiarla ugualmente e invitammo Silvia e Marcello Masi, direttore del Tg2. L'incontro con Silvia che ha continuato a combattere e a portare avanti Tutto il bello che c'è in questi anni è stato salvifico. Era un seme che non poteva perdersi e noi saremo sempre al suo fianco. La speranza è che possano nascere nuove iniziative con e per il programma, che grazie allo stesso Premio Buone Notizie possano scaturire nuovi progetti con Tg2 e RAI 2. Serve un impegno strenuo anche della corazzata RAI.

È un cammino, il nostro, che ormai va avanti in tutto il mondo. In Italia si moltiplicano i programmi e le iniziative che cambiano l'assunto per cui le buone notizie non fanno notizia. L'ultimo nato è Buone Notizie di Tv2000. "Avvenire" ormai da alcuni anni pubblica una buona notizia quotidiana nella controcopertina. Ma non ci siamo solo noi. Papa Francesco è stato contagiato dalle buone notizie: basta leggere i suoi ultimi messaggi sulle comunicazioni sociali. Accade anche negli Stati Uniti. Il "Washington Post" ha in augurato una sezione che s'intitola "The Optimist" e che ha grande successo.

Il Premio dieci anni dopo è in rete con l'Ordine dei giornalisti della Campania. Il suo presidente, Ottavio Lucarelli, ci segue fin dalla prima edizione, patrocina il Premio e non si perde mai un appuntamento. Ma anche con il Sindacato regionale della stampa, l'Università Luigi Vanvitelli, la Federazione dei settimanali cattolici. Fra i media abbiamo come partner alcune delle maggiori testate italiane: "Il Mattino" e "Tv2000". Inoltre promuoviamo il Premio con l'aiuto del "Corriere della Sera", il principale quotidiano italiano, attraverso il "Corriere Buone Notizie". Tanti altri stanno per aggiungersi e anche gli amici anno dopo anno sono aumentati. Gian Luigi Traettino, presidente di Confindustria Caserta, è un compagno di strada certo. Dietro di lui si intravede spesso il padre Giovanni.

Ci sono anche tanti singoli privati che ci danno una mano. Se non ci fossero, non potremmo camminare liberi e a testa alta. Sono un gruppo di imprenditori illuminati: gli avvocati Gianpaolo e Renato Iaselli; il Gruppo Mgt di Giuseppe Luberto; la Reale Mutua Assicurazioni-Agenzia Generale di Caserta della famiglia Discepolo e la M.Car della famiglia Pascarella. Sponsor principale dei festeggiamenti del decennale è la Fondazione Ernesto Pellegrini, che ci ha aiutati a realizzare *Meno Male* il libro e "Meno male" il film, ancora in gestazione, ma che curiamo amorevolmente come se fosse un figlio. Se non avessimo incontrato l'uomo di cuore e concreto che è Ernesto Pellegrini, ex patron dell'Inter e del ristorante solidale Ruben, molte delle iniziative del decennale non sarebbero partite. Non fosse altro per il coraggio che ci ha donato. Tutti insieme sostengono le Lectio Magistralis e le varie iniziative. L'ultimo ad aggregarsi è stato Andrea Cavagnis, amministratore delegato della Pavan, nipote di Angelo Ferro (vincitore della Buona Notizia del 2015 con la Civitas Vitae), a cui è intestato il Premio Buone Notizie Scuola Giovani. Ma a rendere grande il Premio c'è anche un piccolo esercito di volontari. Da Gianrolando Scaringi, il nostro informatico, a Margherita Lanna, Angela Cuccaro, Cristina Pepe, Antonio Luisé e Claudio Petrone. Ma anche Maria Rocereto, che non si perde un'edizione, Marco Lugni, che dirige le celebrazioni della santa messa dei giornalisti. Ovviamente è sempre con noi Franco Tontoli, vicepresidente dell'Assostampa, ombra e alter ego di De Simone. Ma anche Alberto Grant, il nostro grafico preferito, e Nicolina Leone che ci delizia con le sue bellissime foto. Non manca mai Fabiola, mia sorella, che da sempre, in silenzio, dà una mano concreta.

Nei prossimi dieci anni vogliamo che si affermi nelle scuole e nel resto dei mass media una nuova mentalità sull'informazione: quella delle buone notizie. E a Caserta puntiamo a realizzare un media/lab internazionale. Vogliamo migliorare il Sud e il giornalismo partendo dall'ultima provincia dell'impero. Anche perché il Premio Buone Notizie offre una speranza al giornalismo, suggerendo di raccontare quello che di buono accade ovunque nella società. Sarà una rinascita.

Il prossimo pezzo che scriverò sul Premio sarà intitolato "Vent'anni dopo": fra dieci anni appunto.

“Date mille lingue
a una notizia gradita, e
le disgrazie si annuncino
da sé nel momento
in cui colpiscono.”

William Shakespeare

Luigi Ferraiuolo, giornalista, lavora a Tv2000. Segretario generale Premio Buone notizie. Per il passaporto è padano, ma nel cuore batte forte il sangue di Caserta antica, sui colli Tifatini in Campania, a due passi da Caserta. Nonostante sia tifoso del Diavolo rossonero, ama visceralmente il *daimon* napoletano e della Magna Grecia. Spera di passare alla Storia come appassionato raccontastorie: un aedo moderno.

"Mamme in scena"

di Giorgia Passeri

"Ci vedrete ridere dei nostri difetti, del nostro essere mogli, di volta in volta 'tirchie', 'desiderose di coccole', 'ricche' ma 'racchie', alle prese con i nostri… cari mariti e viceversa."

"Senza volerlo ci siamo ritrovate a scoprire noi stesse…".

È stato facile, in fondo: un gruppo di mamme, dopo aver accompagnato i loro figli a scuola (scuola dell'infanzia, scuola elementare), si ritrovano per un attimo fuori dei cancelli della G. Alessi, per un saluto veloce prima della spesa o di correre al lavoro. E l'idea nasce da sola: da tempo si parla di ricostruire il palco nel seminterrato della scuola, per permettere ai propri bambini di avvicinarsi al mondo del teatro. Come raccogliere i fondi? E le mamme decidono: allestiranno uno spettacolo e uniranno il ricavato ad altre risorse per fornire alla scuola ciò che occorre. La scuola ospita un'associazione di genitori e insegnanti (Associazione Laboratorio Flaminio) a cui alcune di queste mamme già aderiscono, perciò parlarne insieme e far partire il progetto è stato immediato! Inizia così l'avventura di "Mamme in scena", con riunioni spontanee fuori dalla scuola per gli appuntamenti, con il passaparola per i luoghi e gli orari per le prove, mentre nascono e si smussano di continuo incomprensioni scaturite dal difficile lavoro di lavorare su se stessi, come solo il teatro costringe a fare, e come forse solo poche si aspettavano.

Io personalmente, Giorgia Passeri, sarei stata l'anima organizzativa della "compagnia", l'unica professionista (un passato artistico in Tv, che ora esprimo tra teatro, regia e scrittura). Decido di non prescindere dalla nostra esperienza quotidiana, per non affrontare personaggi troppo lontani dal nostro vissuto. Siamo mamme, compagne, mogli, quindi mi oriento appositamente verso alcuni testi fra i classici dell'ironia sul matrimonio proponendoli come gioco a più voci alle "mammattrici" per caso. Ne abbiamo elaborato una rivisitazione fresca e spontanea che abbiamo chiamato "Tra moglie e marito". Chi partecipava a "Mamme in scena", che lo facesse per passatempo, per vocazione velleitaria, per trovare amici o per una sfida alla propria timidezza, oltre che per raccogliere fondi per la scuola, mi rivolgeva sempre la stessa domanda: come avrei gestito persone che non sono attori. Mi sembra a tutt'oggi un controsenso. Non avrei mai potuto fondare una compagnia se non avessi pensato che il conoscersi è ricchezza, che la condivisione degli spazi non è privazione. Però può capitare che con alcune persone non si verifichi l'alchimia, anche se in questi ultimi dieci anni, gli episodi di tal genere si possono contare sulle dita di una sola mano. Insomma, sono una goccia nell'oceano.

Mi piacerebbe parlare della nostra avventura partendo da quanto siamo state temerarie nell'andare in scena sebbene molte non conoscessero il mestiere ma avessero solo la voglia di partecipare, mettersi in gioco e conoscere storie. In realtà l'obiettivo primario di raccogliere fondi per costruire uno spazio da dedicare all'attività didattica teatrale o espressiva in genere destinata agli alunni del plesso poi è diventato secondario.

Una cronaca di una autentica magia vissuta nella quotidianità, fatta di personaggi visitati virtualmente, di alcuni sbagli, di persone prestate al teatro ogni sabato pomeriggio per un intero anno scolastico, di drastiche decisioni registiche, e di incontri entusiasmanti e anche di errori.

Senza volerlo ci siamo ritrovate a scoprire noi stesse svelando tensioni, potenzialità, capacità e paure che spesso rimangono a livello inconscio. L'occasione del palcoscenico permette di esprimere e comunicare ad altri ciò che si è raggiunto. Ci si diverte, si apprezzano le intrepide attrici e ogni tanto capita anche di pensare, ma sempre senza esagerare, quasi temendo di chiedere troppo allo spettatore. Per chi gradisce l'intrattenimento, va benissimo: lo spettatore con maggiori ambizioni potrebbe però rimanere un po' deluso.

E finalmente dopo mesi di prove le mamme hanno una data per andare in scena: la seconda domenica di maggio naturalmente, festa della mamma. Il luogo dove recitare è stato trovato facilmente grazie alla generosità e alla gentilezza dell'ex cinema parrocchiale di via G. Reni. Le emozioni, le prove finali fino al debutto, è avvenuto tutto lì grazie alla pazienza dei gestori, da sempre vicini alle proposte costruttive per il quartiere (la collaborazione è continua con la stessa Associazione Laboratorio Flaminio, con matinée di film per i ragazzi delle scuole, che hanno così ottenuto anche uno spazio cineforum). "Ci vedrete ridere dei nostri difetti, del nostro essere mogli, di volta in volta 'tirchie', 'desiderose di coccole', 'ricche ma racchie', alle prese con i nostri cari mariti e viceversa." Lo spettacolo ha avuto il patrocinio del II Municipio, il cui presidente ha subito apprezzato l'idea di una scuola che sa arricchirsi senza oneri per l'amministrazione.

Le tensioni per lo spettacolo, che vede la partecipazione di molte anche dietro le quinte, per costumi, scene, luci, non fanno scordare alle "attrici" che lo scopo ultimo è l'ennesimo regalo di mamme ai loro figli, ma anche di genitori attivi e responsabili alla loro scuola: un teatro dove i più piccoli possano esprimersi, imparare, mettersi in gioco. Ma dall'idea iniziale del regalo è nata un'avventura, speriamo destinata a continuare magari con la formazione di un vero laboratorio teatrale, di una scuola di teatro, di altri spettacoli e di nuovi attori.

Sono infiniti gli esempi del lavoro di queste "mammattrici": potrei raccontare come si fa a recitare un monologo impegnativo con efficacia e pensare prima a preparare da mangiare per la sera, o alla collega o amica del fuori scuola che ci guarda e allora si recita per lei o le si fa l'occhiolino. Allo stesso tempo ci si chiede se la nonna arriverà puntuale, se domani si proverà di pomeriggio prima dello spettacolo e quanti sforzi di memoria si debbano fare per imparare le battute. Ci si accorge che ogni sera cambiando pubblico anche le emozioni sono diverse; si pensa a tutto quel che si vuole, in un esercizio di divisione della mente, facendo bene attenzione che in primo piano e dominante sia sempre la pista principale, quella dello spettacolo che si sta facendo. Eppure talvolta accade che qualcosa scivoli nell'altra e allora ci si perde e il meno che possa accadere è di prendere la celebre papera, il peggio che non si sappia più a che punto dello spettacolo si sia o addirittura dove ci si trovi. E allora sono guai.

Ovviamente sarebbe bene che l'attore si concentrasse al massimo su ciò che deve fare ma con rilassamento. Questi due termini, solo apparentemente opposti, in realtà producono lo stesso risultato, una totale attenzione a quel che succede in scena per essere sempre svegli, pronti e reattivi. Succede anche che qualcuno sia così concentrato da risultare rigido e insensibile e qualcun altro così rilassato da essere altrove e ciò scatena liti senza fine, dichiarazioni di metodo e qualche volta, purtroppo, anche insulti.

Insomma, nella vita e nel teatro il nostro pensiero è infinitamente più complesso di quel che siamo disposti ad accettare e riconoscere normalmente.

In pratica la nostra esperienza non ha prodotto attrici ma, come un battito d'ali di farfalla dall'altra parte del mondo che scatena un uragano, ha prodotto un pensiero che si è fatto mille e più pensieri il cui insegnamento è ancora vivido nella memoria di tutti coloro che hanno vissuto l'avventura. Oggi è una realtà concreta, fatta di tavole di legno, quinte, parco luci, sipario e fondali e oggi ne godono cicli di nuovi alunni, laboratori pomeridiani e associazioni, protagonisti utenti dei locali lasciati in eredità alla scuola, dunque al quartiere, dalle "Mamme in scena".

Il cast, in rigoroso ordine sparso, di "Mamme in scena":

> Francesca, mamma di Alessandro, Fiorella, mamma di Melania, Alessia, mamma di Lorenzo, Elena, mamma di Lavinia, Simonetta, mamma di Andrea, Concetta, mamma di Martina, Luisiana, mamma di Lorenzo, Gemma, mamma di Lulù, più la partecipazione, nel ruolo di mariti, di alcuni papà, Alessandro, Franco, Gianni, e di nonno Antonio. Per non dimenticare le colonne dietro le quinte: Giorgia, mamma di Gaia, Serena, mamma di Alessandro, Cinzia, mamma di Arianna.

Tutti abbiamo dato il massimo per la buona causa e ricordo in particolare la nostra gioia alla fine della nostra prima in scena.

Chissà se qualcuno si ricorda ancora di quella sera! Saranno state le 22 quando uscimmo dalla sala allestita per il nostro debutto al Teatro San Valentino. Pioveva, ma non se ne accorse quasi nessuno tanto eravamo contente, figli, mariti, parenti e amici. Sembra una vita fa e il nostro mondo era molto diverso.

“Tutto quello che puoi fare, o sognare di poter fare, incomincialo. Il coraggio ha in sé genio, potere e magia. Incomincia adesso.”

Johann Wolfgang Goethe

Giorgia Passeri, laureata in Filosofia. Conduttrice televisiva per ragazzi vincitrice di 3 premi Telegatti (Ciao ciao Mediaset, Big! RAI 1, Zecchino d'Oro, Banda dello Zecchino d'Oro, Telethon). Dal 1997 attrice e regista di teatro. Presiede l'associazione culturale Agorà 80, crea laboratori di formazione e collabora con le emittenti televisive.

L'arte ponte tra gli uomini

di Cristiano Sormani Valli

"Mal che vada, cado" mi sono sempre detto.
Non provare equivale a negare una strada e io le strade
le vorrei percorrere tutte e tutte in una volta.
E poi "il caso non agisce mai a caso".

"...non credo nel teatro-terapia. Il teatro è una terapia
per tutti, come ogni altra arte. Perché l'arte serve
a costruire ponti, a portare bellezza, a porci domande,
a regalare qualcosa di noi a questo mondo così troppe
volte tremendo da sembrare ingiusto e terribile.
L'arte serve a farci stare bene. Nella suprema,
meravigliosa e immensa differenza,
ogni persona che ha qualcosa da dire, può parlare."

“A Paolo e Luigi Susenna.
Perché, lo so, sanno far ridere e danzare anche il cielo.”

Questo racconto comincia con un tremore. Con la paura che mi prende lo stomaco. Questo racconto comincia con me e le mani appoggiate sul volante della mia Fiat Panda rossa. Ho 20 anni, fra tre mesi ne compirò 21. In testa ho parole, scene, incontri. Sono innamorato della mia futura moglie e del teatro che condivido con lei. Nel centro esatto del cuore mi porto anche poesia, romanzi, musica, artisti e la curiosità bambina, quella degli esploratori, di chi non si accontenta. Ho già il piede in dodici scarpe e da allora cammino così, felice di non avere “pietra dove posare il capo”. Comunque immaginatemi con addosso la paura, come fosse un abito. Sono lì nella mia auto e sto aspettando di entrare. Sono due anni, quasi, che ho finito le scuole superiori, mi sono iscritto a Lettere Moderne in Statale a Milano e ho iniziato da subito a lavorare nelle scuole medie ed elementari. Grazie ai miei due maestri di allora, Beppe Bettani ed Emilio “Cecio” Pirotta, conduco laboratori di teatro. E mentre insegno imparo. Oggi come allora. Lavoro anche come attore all’allestimento di alcuni spettacoli, rubo il mestiere al regista, scrivo monologhi che recito da solo davanti allo specchio, immaginando il futuro. Per questo Vittorio Caglio, presidente della Cooperativa Sociale Punto d’Incontro, che sa cosa faccio, mi chiede di dargli una mano: due mesi di tempo per studiare e realizzare un piccolo spettacolo teatrale con le persone che lavorano nel loro centro di Pozzo d’Adda, un paesino della provincia di Milano. Ma non saranno attori qualunque quelli che troverò ad aspettarmi. Sono disabili, diversamente abili, handicappati, il nome non ha importanza; scoprirò poi che è solo una delle tante e a volte necessarie etichette per definire il mondo. Quello che importa è che il mio cuore trema al pensiero del loro incontro. “Sarò in grado?” Io che non so niente di queste persone, che non conosco nulla delle patologie, dell'approccio che si deve o si dovrebbe tenere. Il teatro sarà teatro ugualmente? "Proviamoci" è la freccia conficcata nel cervello che mi fa macinare pensieri alla velocità dell'amore. Perché così va la vita: incontri, opportunità, incroci di sguardi e d'idee, slanci nel buio delle possibilità. "Mal che vada, cado" mi sono sempre detto. Non provare equivale a negare una strada e io le strade le vorrei percorrere tutte e tutte in una volta. E poi il caso non agisce mai a caso.

Le attrici e gli attori sono lì ad aspettarmi su sedie di plastica bianca e le loro ombre si proiettano su muri rossi e grigi. Un odore di chiuso misto a muffa, tipico delle cantine, ci intasa le narici ma non ci facciamo caso. Loro, quei perfetti sconosciuti, mi guardano. Io guardo loro. Rimaniamo così per due secondi che sembrano duemila anni, poi Mario Arrigoni si presenta. Così inizia il gioco, con il nostro nome, come sempre, come in ogni laboratorio, come nella vita. Non si riesce nemmeno ad arrivare alla fine delle presentazioni che già si ride. Anna Cantù mi chiede se può mostrarmi un balletto. Io mi sono portato la mia solita radio argento. Metto un CD e così si balla. Si danza, si ride, si scherza, si prova. Ci conosciamo e ci riconosciamo, piano piano. Con alcuni ci sono i muri invisibili della timidezza da superare, con altri bisogna prendere subito delle distanze per poter lavorare senza continue distrazioni. Gli attori mi mostrano uno sguardo nuovo e io cerco d'imparare da quelle gentilezze innocenti, da quelle irruenze travolgenti. Imparo che la disabilità non esiste, ma che esistono differenti abilità, che siamo tutti abili e disabili al contempo, quando siamo sul palco, nell'arte. Le sante differenze (anche patologiche) diventano il centro del nostro discorso, si fondono nell'uguaglianza dell'essere vivi, al mondo, con le nostre paure, felicità, richieste, dolori. "Insomma" mi dico "è uguale, è teatro come in tutti gli altri posti. Anche qui ci sono attrici e attori, con i loro limiti e i loro talenti. Non persone svantaggiate nella vita che nello spettacolo dovrebbero avvantaggiarsi della compassione." Ho provato a distruggere questa falsa convinzione in tutti i convegni in cui sono stato chiamato a raccontare la mia esperienza. La prima cosa che dico, di solito, è che il teatro è teatro, che non credo nel teatroterapia. Il teatro è una terapia per tutti, come ogni altra arte. Perché l'arte serve a costruire ponti, a portare bellezza, a porci domande, a regalare qualcosa di noi a questo mondo così troppe volte tremendo da sembrare ingiusto e terribile. L'arte serve a farci stare bene. Nella suprema, meravigliosa e immensa differenza, ogni persona che ha qualcosa da dire può parlare. Ognuno a suo modo, al suo momento, utilizzando quello che gli è più congeniale, seguendo la propria natura più profonda.

Però il teatro, quello che ruba le notti e le trasforma in sogni, non è per tutti. I laboratori teatrali, quelli sì. Nel primo caso la fatica di trovare una forma che si accordi perfettamente alla sostanza, si trasforma con l'impegno, la ricerca, la ripetizione in uno spettacolo in cui tu hai tentato di dare il meglio di te. Nel laboratorio, invece, inizio d'ogni "opera" e suo proseguimento, basta stare insieme, divertirsi, provare a mettersi in gioco. Nella realizzazione di uno spettacolo la premessa rimane - guai se non ci si divertisse più -, ma si trasforma, si mette al servizio di qualcosa d'altro esterno a noi, che ci chiama, ci insegue e che inseguiamo. È così che il primo laboratorio teatrale sfocia in un piccolo esperimento: "Elementi", parole che scrivo, che rubo, per dare atmosfera ai quadri che si vanno formando. Come sempre, come succede ancora adesso, la musica ci tiene per mano e ci accompagna.

Si va avanti, mentre io frequento vari laboratori che mi cambiano la vita. Il cuore mi si allarga e io porto in sala, nelle scuole, nell'auditorium dell'oratorio tutto quello che ci sta dentro. Dopo tre anni parlo con Vittorio di un'idea che ho in testa: vorrei formare con alcuni dei partecipanti, quelli con il sacro fuoco dentro, una piccola compagnia. "Perché ci siamo scelti vicendevolmente" gli spiego. Così in collaborazione con Ilinx, nasce il gruppo Arambagio. Il nome lo sceglie Anna Cantù, storpiando per gioco il motto piratesco "All'arrembaggio", niente di meglio per la nostra giovane compagnia corsara. Il primo vero spettacolo si chiama "Passo di cometa", ispirato a uno dei versi di Marina Cvetaeva, poetessa russa. Gli attori in scena, diversamente abili e non, sono i veri poeti, perché sono altro, perché hanno un altro sguardo. Perché spargono bellezza nonostante i corpi, a volte sgraziati, nonostante le parole balbettate. Anzi proprio per questo si fanno poesia. Perché parlano un altro linguaggio che punta dritto al cuore delle cose e le apre a metà, come una pesca succosa buona da mangiare. Le parole che accompagnano la scena sono di vari poeti fra i quali Anna Cantù, che da sempre scrive poesia, e mie.

Poi l'avventura prosegue. Incontro vari maestri che m'insegnano e m'indicano la strada: Pippo Delbono, Enzo Toma, Giuseppe Badolato, Piera Principe. Ancora oggi rendo grazie a quelle mani che si sono aperte e mi hanno regalato il loro "metodo", che in greco antico non significa altro che "la strada che ho fatto". Io imparo, non solo la loro poetica, ma anche quella generosità per la quale il mondo continua a ruotare. Questo incastro cosmico di dare e avere che non ha mai un risultato certo. Ma che anzi proprio in ciò che non t'aspetti, fonda la sua capacità di stupire. E così il gioco prosegue. Un secondo spettacolo "Mattine", basato sui desideri delle attrici e degli attori in scena, dà forma alla compagnia. Anna Cantù, Gledis Bertola, Fabrizio Varisco, Ivan Brambilla, Massimiliano Bonomi, Moreno Cremaschi, Matteo Mariani, Paolo e Luigi Susenna. Sono loro il bacio, il triplo salto mortale con cui lavoro da tutti questi anni. Siamo ospiti in vari festival, viviamo l'emozione della replica mai uguale a quella precedente, condividiamo pranzi, cene e notti intere a parlare, a cercare il silenzio per meglio ascoltare il battito impazzito del cuore prima di entrare in scena.

Due anni dopo immaginiamo Arambagio Parade in cui la nostra parata con sedie e parole, accompagnata dall'orchestra ritmica Bim Bum Band, entra nelle piazze e spiazza. Noi giriamo per le strade, declamiamo poesia, ci portiamo sedie scintillanti per creare situazioni e giochi, coinvolgendo i paesi che ci ospitano. Nel frattempo due attori entrano anche in Ilinx e con uno spettacolo chiamato "Mundus" giriamo l'Italia insieme.

Ma come si sa le cose si trasformano. Un po' perché siamo invecchiati tutti, un po' per amore della sfida, un po' perché girare per teatri è diventato sempre più complicato e i partecipanti dei laboratori sono sempre di più, giochiamo a un altro gioco. Il dottor Romeo Della Bella, psicologo eccezionale che segue fra le altre la Cooperativa Punto d'Incontro, s'inventa il Festival del Cinema Nuovo. Cortometraggi interpretati da attori diversamente abili. Che occasione perfetta! Di nuovo un segno, un sogno. Il primo cortometraggio si chiama "Mattine", proprio come lo spettacolo, e non racconta una storia, ma è una specie di documentario a cui si alternano riprese della scena. Abbiamo chiesto a tutti i lavoratori di Punto d'Incontro quale fosse il loro più grande desiderio. Naturalmente senza fare distinzione fra utenti (che parola tremenda) e operatori. Ci prendiamo gusto e ci presentiamo a ogni nuova edizione del Festival con un nuovo cortometraggio: "Favola", "Eden", "Sogno di una notte di mezza primavera", "Azzurro", "7 (vizi capitali)", "Omphalos", "La libera accademia di Uthopia". Nel 2014 inizio la collaborazione anche con la Cooperativa Sociale Ellepikappa e con loro immagino "Il mare d'Inverno". La cerchia di attori si allarga sempre di più, fino a coinvolgere cinquanta persone. I cortometraggi vengono proiettati durante alcuni festival italiani e ricevono vari riconoscimenti e nel 2016 "XtrA – ora e sempre Rock'N'Roll" della Cooperativa Punto d'Incontro e "Lazhar" della Cooperativa Ellepikappa vincono pari merito il primo premio del Festival del Cinema Nuovo. Poi altri premi e proiezioni, sia in Italia che all'estero.

Ad affiancare il lavoro delle cooperative e di Ilinx, c'è Zazie Production, importante associazione che si occupa della produzione video, di documentari e dell'invenzione di brani musicali. Barbara Ferrari e Thomas Peres sono i compagni, ormai da molti anni, di questa avventura. Sono loro ad effettuare le riprese, il montaggio, gli effetti speciali, l'editing e la composizione di quasi tutte le colonne sonore dei nostri film. Perché il teatro prima e il cinema, oggi, sono sempre un lavoro collettivo. Insieme s'inventano le nostre storie, si portano sulla scena, sullo schermo. Io propongo un'idea, un contenitore, in base alla conoscenza e all'osservazione delle persone che lavorano con me. Poi inventiamo i personaggi, cerchiamo la loro storia. Raccolgo le parole dei partecipanti attraverso le improvvisazioni e alla fine provo a scrivere la sceneggiatura partendo dalle idee che nascono durante gli incontri, trovando il modo migliore per rendere evidenti le qualità degli attori, per poter convogliare ogni desiderio in un racconto. Perché di desideri sempre si tratta, lanci di sguardi verso le stelle che inventano il futuro.

Questo racconto si conclude con una danza in un grande cerchio. La mia e di tutte le persone che in questi 25 anni hanno lavorato con me. Perché siamo compagni, amici, famiglia, una tribù. Insieme siamo entrati nella tempesta e abbiamo seminato in terreni fertili i nostri gesti, le nostre parole. Questa storia finisce con me davanti allo schermo di un computer mentre tento di raccontare questi anni, questi salti e cadute, cercando di non tralasciare nulla ed evidenziando ciò che conta. Ritrovando quegli abbracci, quelle mani, quei volti pieni di grazia che mi hanno accompagnato. Qui, con davanti altri 25 anni, spero, di sorrisi, sudore, stupore, bellezza, verità e libertà. Qui, con un grazie incessante ripetuto a fior di labbra, nel tremore. Aspettando che la magia si verifichi ancora.

“L’arte è lo sforzo incessante di competere con la bellezza dei fiori e non riuscirci.”

Marc Chagall

Cristiano Sormani Valli ha scritto, pubblicato, messo in scena, in video e in musica romanzi, racconti, poesie, fiabe, storie per bambini, parole per canzoni, drammaturgie, sceneggiature. Ha fondato la compagnia teatrale Ilinx, collabora con realtà sociali, immagina cortometraggi, gestisce laboratori di teatro, di scrittura e di realizzazione video.

Indice